老HRD
给业务领导者的
8堂人才管理课

邓玉金◎著

TALENT
MANAGEMENT

台海出版社

图书在版编目（CIP）数据

老 HRD 给业务领导者的 8 堂人才管理课 / 邓玉金著
. —— 北京：台海出版社，2022.2
  ISBN 978-7-5168-3216-5

Ⅰ.①老… Ⅱ.①邓… Ⅲ.①企业管理－人才管理
Ⅳ.① F272.92

中国版本图书馆 CIP 数据核字（2022）第 011256 号

老 HRD 给业务领导者的 8 堂人才管理课

著　　者：邓玉金

出 版 人：蔡　旭　　　　　　　封面设计：异一设计
责任编辑：赵旭雯　高惠娟

出版发行：台海出版社
地　　址：北京市东城区景山东街 20 号　邮政编码：100009
电　　话：010 - 64041652（发行，邮购）
传　　真：010 - 84045799（总编室）
网　　址：www.taimeng.org.cn/thcbs/default.htm
E-mail：thcbs@126.com

经　　销：全国各地新华书店
印　　刷：三河市嘉科万达彩色印刷有限公司
本书如有破损、缺页、装订错误，请与本社联系调换

开　　本：787 毫米 ×1092 毫米　　1/16
字　　数：270 千字　　　　　　印　　张：16.5
版　　次：2022 年 2 月第 1 版　　印　　次：2022 年 5 月第 1 次印刷
书　　号：ISBN 978-7-5168-3216-5

定　　价：69.80 元

《老 HRD 给业务领导者的 8 堂人才管理课》是笔者计划写作四本书当中的最后一本。笔者写此书的目的很简单，总结自己过往的工作和管理经验，做有效的传播。以下是笔者的写作套路。

1. 工作中是这样做的，还比较顺畅。
2. 课程中是这样讲的，还比较实战。
3. 视频中是这样录的，还比较风趣幽默。
4. 书也是这样写的，争取比较好看。

从笔者 20 多年的工作和培训咨询的经历来看，国内很大一部分中小型企业的中高层管理者（又称业务领导者）都很聪明、很能干，但是普遍缺乏团队人才管理和发展的意识和套路。笔者基于 13 年的人力资源部门管理的实践经验以及多年培训咨询的经历，开发了《业务领导者的人才管理课》这门线下实战课程，在线下几百场的实际授课中反响很好。

课程内容包含了业务部门的领导在日常工作中人员管理的 7 个方面：业务领导者的人力资源责任、选择人、要求人、辅导人、激励人、评估人、保留人。课程内容把业务领导者管理团队的核心内容拎了出来，既明确了业务领导者管理人和发展人的责任，又指明了方向和具体方法，很多内容学会之后可以直接应用于工作实践中，见效比较快，是一门很好用的实操课程。

笔者以《业务领导者的人才管理课》这门线下课程的框架为基础，按照课程的逻辑，对照着 PPT 写作完成了本书，定名为《老 HRD 给业务领导者的 8 堂人才管理课》。此书将业务领导者日常团队管理中与人员管理、人才发展相关的内容做了归纳梳理，提炼出了一些比较通俗易懂的管理技术，有些内容还用了案例来帮助读者强化印象，方便业务领导者参照对比。每堂课后还附加了作者的职场感悟。希望此书可以对广大的业务领导者有所助力。

笔者在写书的过程中尽可能地使用了口语化的叙述方式，将比较拗口和专业化的人力资源术语转化成日常的工作语言，这是业务部门对人力资源从业人员非常迫切的需求之一：人力资源说人话！

从企业战略和个人战略的相互关系来看，人员经营和发展是企业经营不可或缺的重要部分。从企业实际看，真正培养和发展员工的归口部门，不是人力资源部门，而是日常跟员工在一起的各级业务领导者们。

邓玉金

03   第 3 堂课　要求人——制定目标 委派授权

04

第 4 堂课　辅导人——在岗授能 有效改善

05

第 5 堂课　激励人——及时赞赏 正向反馈

06

第 6 堂课　评估人——肯定进步 面向未来

07

第 7 堂课　保留人——职划发展 留人留心

08 第 8 堂课 人力资源管理的几个靠谱的逻辑

第 1 堂课　业务领导者的人力资源责任

一个企业当下缺人往往是因为三年前没有做人力资源的规划。

从笔者20多年的人力资源管理经历和十多年咨询培训的实践经验来看，人才梯队建设中最主要的责任人是各级经理人，而不是人力资源经理人。但国内各级经理人往往会迫于业务压力，把最主要的精力放在业务发展上，而忽视团队人力资源管理和人才梯队建设这个核心职责，缺人的时候就请人力资源部门帮忙招聘。这当然没错，不过长此以往，企业的发展就会无处借力。与能够培养人的企业相比，只会用人的企业底蕴会差很多。

笔者与企业的业务领导者深入交流的时候，经常会发现他们不是不想培养人，而是不会培养人，甚至不知道带人是自己的职责。

这也是笔者写作本书的目的。

本章节学习内容。

· 什么是人力资源
· 盖洛普的研究成果
· 如何成为一名值得信赖的主管
· 业务领导者的人力资源责任

一、什么是人力资源

人力资源的发展经历了以下几个阶段。

• 约翰·R.康芒斯曾经先后于1919年和1921年在《产业荣誉》和《产业政府》两本著作里使用"人力资源"一词，但与21世纪我们所理解的人力资源在含义上相差很远。

• 21世纪初，人们所理解的人力资源的含义是由管理大师彼得·德鲁克于1954年在《管理的实践》中首先提出并加以明确界定的。他认为人力资源拥有当前其他资源所没有的素质，即"协调能力、融合能力、判断力和想象力"；它是一种特殊的资源，必须经过有效的激励机制才能开发利用，并且会给企业带来可见的经济价值。

• 20世纪60年代以后，美国经济学家西奥多·舒尔茨和加里·贝克尔提出了现代人力资本理论，该理论认为人力资本是体现在具有劳动能力的人身上的、以劳动者的数量和质量所表示的资本，它是通过投资形成的。该理论的提出使得人力资源的概念更加深入人心。

• 英国经济学家哈比森在《国民财富的人力资源》中写道："人力资源是国民财富的最终基础。资本和自然资源是被动的生产要素，人是积累资本，开发自然资源，建立社会、经济和政治并推动国家向前发展的主动力量。显而易见，一个国家如果不能发展人们的知识和技能，就不能发展任何新的东西。"从此，人们对人力资源的研究越来越多，学者对人力资源的含义也提出了越来越多的解释。

• 国内权威说法对人力资源的定义是：人力资源是指在劳动生产过程中，可以直接投入的体力、智力、心力的总和及其形成的基础素质，包括知识、技能、经验、品性与态度等身心素质。这个概念实际上把人力资源要素化了，而知识、技能、经验、品性和态度都是我们在招聘面试过程中重点要考核候选人的内容。

国内也有两位教父级的管理大师，一位是华为的创始人任正非，另一位是联想的创始人柳传志。他们都在各自的领域内做出了重要的贡献，对于人力资源，他们也有自己独到的见解。

任正非强调华为唯一可依存的是"人"，当然是指奋斗的、无私的、自律的、有技能的人。华为目前有近 20 万名员工，其中有一半员工是研发人员，属于知识分子，华为通过培育其价值观将这些知识分子变成战士。华为价值观强调奋斗精神，但是华为的奋斗不是空虚的口号，华为的奋斗者是华为的控股股东，奋斗者需要签订《奋斗者协议》。华为在协议中对于"奋斗者"做了界定，他们都具有明确的特征，包括无私、自律和有技能。无私意味着有奉献精神，要跟团队做好无缝衔接；自律意味着要管控好自己；有技能意味着要达到岗位工作需要的基本技术要求。通过几个形容词的界定，华为的奋斗者就不用扬鞭自奋蹄了。像华为这么大的企业，也依然强调公司最重要的是人，尤其是 2019 年，当美国把华为放入"实体企业清单"后，华为所爆发出来的生命力和奋斗精神特别让人惊讶。为了激励士气，华为定制了 2 万枚纪念章给中高层领导一人发一枚，用以纪念奋斗的过程，也是纪念一个公司克服困难的过程。

柳传志谈创业之道时强调，企业经营实际就三件事：建班子、定战略和带队伍。前几年一个偶然的机会，笔者和联想农业的人力资源总监交流时得知，联想农业和联想高科技集团的背景是不太匹配的，所以他们希望建立一套更符合农业发展方向的企业文化，脱离"建班子、定战略和带队伍"的套路。他们摸索了很久后发现，其他所谓的思路跟"建班子、定战略和带队伍"这套思路比起来麻烦多了，还讲不清楚，于是他们干脆回头使用原来的方法搭建公司，思路果然变得清晰多了。这就意味着企业在成立之初，或者集团化的企业要建立新的子公司或者开辟新的业务时，一般都是三步走。

• 第一步，建班子。无论是从内部选拔还是外部招聘，先建立起 3~5 人的高管团队。

• 第二步，定战略。老板先把这帮人聚集起来，向他们传达从集团或公司的范围来看，他们是最适合或最具有潜质的人才，也是公司最放心和信任的人。老板召集大家一起讨论：从长远看新业务的愿景是什么？从中长期看新业务的战略是什么？1~2 年的短期年度计划目标又是什么？讨论结束后团队一起研究出可行性报告，当然也可以借助外部的咨询机构。在梳理清楚公司的愿景、战略和计划之后，团队向老板汇报，老板如果同意，就可以进入第三步了。

• 第三步，带队伍。搭建管理层团队，招募员工。

如果企业按照这三步发展，有班子，也能带人，再基于企业愿景和战略，由上而下制定目标和计划，有步骤有思路地进行，就跨出了成功的第一步。

由此可见，建班子需要找核心人员，带队伍也要先把中层和基层的队伍建起来，在这些环节中，"人"都是关键。从这个角度来看，任正非和柳传志强调的企业经营和发展的核心，其实就是以人为本。

（一）知识经济时代企业价值如何提高

关于知识经济时代企业价值如何提高这个问题，《平衡计分卡》里提到了一组数据，如图 1-1 所示。

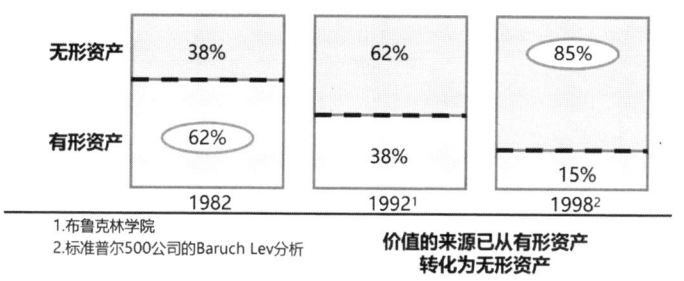

图 1-1 《平衡计分卡》

1982 年，企业总资产中无形资产和有形资产的占比分别是 38% 和 62%，这就意味着在那个年代，企业最核心的资产还是它的有形资产，例如厂房、资金、设备、办公用品等。

到了 1992 年，仅仅过了 10 年的时间，当时美国 PC 端互联网已经兴起，企业总资产中无形资产和有形资产的占比完全调换，无形资产占 62%，有形资产只占 38%。这意味着企业无形资产的价值迅速提升。

到了 1998 年，又过了不到 10 年的时间，企业总资产中，无形资产占

85%，有形资产只占 15%，无形资产所占的比重越来越大。无形资产包括知识、商标、经验、技能、专利等，而这些无形资产的载体就是企业中实实在在的人。所以从这个角度上看，随着技术的进步，企业经营对人的依赖会越来越大。

我国的企业管理水平发展可能要比美国晚二三十年，但国内高新技术企业的数据与美国 1998 年的数据相比的话，基本接近国内 2010 年前后的水准。所以国内企业对人的依赖度也同样越来越大，企业需要做好人力资源的经营和管理。

（二）企业经营的两个部分

严格意义上讲，企业的经营分为两部分，如图 1-2 所示。

- 对外经营顾客（企业战略经营）
- 对内经营员工（个人战略经营）

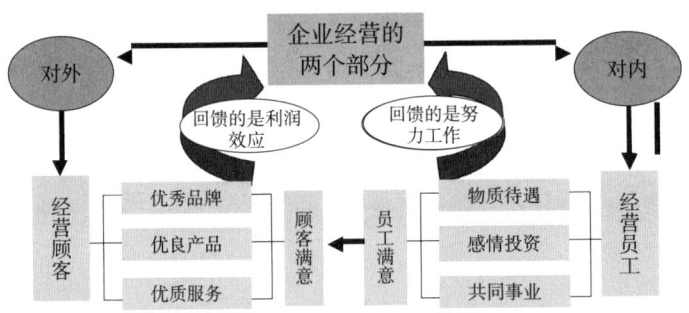

图 1-2　企业经营的两个部分

1. 经营顾客

经营顾客是指企业努力给客户提供优良的产品或优质的服务。任何一家企业给顾客提供的东西无非就是两种：产品或服务。有的企业会说其提供的是解决方案，但实际上解决方案就是产品＋服务。

除此之外，还可以叠加上优秀的品牌，企业的品牌能够给产品和服务带来溢价。通过这样的操作方式，顾客拿到了叠加了品牌力的优质产品和服务，企业就可以拿到超越同行的收益和利润。

2012 年，三星和苹果公司的利润占全球整个手机行业净利润的 90% 以上，这就意味着剩下的成千上万家手机企业的利润只有不到 10%，说明绝大多数企业是亏本赚吆喝，最多只赚了个苦力钱。

从这个现象可以看到，如果企业的品牌价值高，会促成顾客重复购买，哪怕产品价格略高，可如果能给客户带来更好的使用体验，顾客一样愿意买单。就像当年苹果 3、苹果 4 上市的时候，还出现过"卖肾买手机"的事件，因为当时拥有一部苹果手机，代表着品位和面子，是身份的象征。

笔者曾经工作过的一家英资企业的主要业务是做矿山用的破碎机。该企业出产的破碎机单台最高价格能到 1500 万美元左右，最便宜的也得 100 万美元一台。国内同规格的破碎机价格基本只有该企业价格的 1/10 到 1/5。可是国内的很多大型煤矿企业或其他矿山企业宁可花高价买这个品牌的设备，也不用国内品牌的破碎机。为什么呢？笔者在跟客户的交流中发现，顾客实际上买的是安心，尤其是一些老国企的矿长和书记，他们更看重的是企业的生产安全，因为这不但跟员工的生命安全息息相关，同时也跟他们的职业发展紧密相关。如果用最好的、最优秀品牌的设备还出事故的话，剔除管理层的原因，其原因就可能是：意外。从这个角度看，如果企业的产品、服务，包括品牌都比较好，一定能给企业带来顾客的忠诚。

企业战略规划的核心基本上都是为客户创造价值，而为客户创造价值一定要围绕着客户的核心需求做规划，尽最大的努力帮助客户成长。从摩托罗拉、西门子、诺基亚到华为，它们的核心价值观里都有一条：以客户为中心！只有满足了客户的需要，企业才能生存。企业战略规划的核心是满足客户需求之后带来的销售收入和利润的增加。所以经营客户就是企业的战略经营。

2. 经营员工

经营员工包含三个层面。

首先，要给员工合适的物质待遇。合适的物质待遇就是当员工拿到工资之后，他在社会上生活不会感觉困难，支付生活的基本需求没有太大的压力。再或者说，当他和朋友交流自己薪酬水平的时候，不会觉得丢人，这说明企业给到的物质待遇是可以的。

一般情况下，员工对于自己的薪酬都是不满意的。员工对于高薪的追求，跟企业老板对于企业净利润的追求是一样的。只要公司核心员工不是因为薪酬问题离职，就说明公司的待遇过关。

其次，要给员工做感情投资。业务领导者要维系好上下级和同事间的关系，让员工觉得在企业里除了待遇还有其他值得留恋的地方，例如企业的氛围。企业氛围的背后隐藏着企业文化和价值观，有些氛围比较好的企业，员工彼此之间是不以职位相称的，这会让员工很有归属感。

最后，要让员工和企业达成共同的事业方向。例如有的企业会对核心员工做股权或者期权的激励，达到深度绑定员工的目的。

以上三个层面包含了企业从物质和精神层面给予员工的待遇，但这些不是经营员工的全部。

经营员工的全部就是员工入职公司的时候，虽然已经具备了岗位所需要的知识、经验和技能，但企业仍然要给他们提供技能培训，安排有挑战性的工作，并且最好找人带领，在工作的过程中不断提高他们的知识、经验和技能，这样能够给员工带来价值增值。如果员工在企业工作三年之后，当他跳槽到其他企业时，拿到的薪酬水平至少能比现在的薪酬高出 30%~50%，那就说明企业各级领导者对员工的经营是到位的。如果员工刚来企业的时候一个月能挣 8000元，三年后跳槽到别家公司只能挣 6500 元，说明他被原单位耽误了。

企业要为员工提供技能提升的历练，帮助他们累积更有价值的知识和经验。当员工具备这样的能力后，企业要定期为这些员工做薪酬调整，如果在员工的物质欲求还没有觉醒的时候，企业已经率先做了调薪，员工对企业的满意度会大大地提高。也可以是当员工具备了某项技能后，或者经验积累到一定程度后，将其调整到合适的岗位上，这也是对员工巨大的激励。

企业不仅提高了员工的物质待遇，还关注到员工的能力提升，把其安排到更有挑战性的岗位，员工对企业的认同感自然也就提升了，所以企业经营员工实际上是发展员工。员工对于企业的认同感高了，自然而然地会对企业忠诚，会爱惜企业的产品和服务，也会善待企业的客户。客户感受到了企业员工的善意，会认同企业的产品和服务，他们就会重复采购或者将企业的产品和服务推荐给周围的朋友、邻居等。

由此可见，企业经营的两个方面从根本上讲，就是企业在经营员工的同时，顺便经营了客户，即在经营员工的同时顺便把钱赚了。

所以从长远来看，企业经营一定是企业在解决了员工的生存问题之后，再解决好员工的发展问题，要不然的话，企业就会形成"铁打的营盘流水的兵"的状况。老板缺好的高级管理者，领导缺能干活的下属，企业规模最多维持在一定规模的水平就再也发展不上去了。

从企业战略和个人战略的相互关系来看，人员经营和发展是企业经营不可或缺的重要部分。从企业实际看，真正培养和发展员工的归口部门，不是人力资源部门，而是日常跟员工在一起的各级业务领导者们。

二、盖洛普的研究成果

图 1-3 是盖洛普针对管理层对一线员工离职的影响统计。

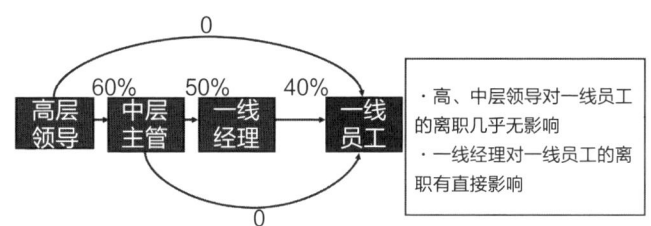

图 1-3　管理层对一线员工离职的影响

从数据上可以看到，一线员工离职和一线经理的关联度是 40%，一线经理离职和中层主管的关联度是 50%，而中层主管离职则有 60% 的原因和他的直接高层领导相关。

从数据中还可以看到一个有趣的现象，一线员工的离职与中层主管关联度为 0，跟高层领导的关联度也为 0。所以，有些时候员工在离职面谈时都会说离职的原因是职业发展或者待遇不好，但核心的原因很大一部分与他们的直接上级有关。

从这个逻辑上看，它印证了一句话：加入公司，离开经理。

所以从这个角度上看，如果你是部门领导者，当你所管辖范围的经理或主管向你提到员工离职是因为公司或者待遇的时候，是不是可以把这个数据拿出来给他们看一看？毕竟这个数据不是拍脑袋定出来的，而是根据真实情况统计出来的。

由此可见，提高一线经理和中层主管的人力资源管理能力是紧急且重要的事情。但实际情况是，无论是在国外企业还是在国内企业，真正懂人力资源管理的业务领导还是稀少的，企业一定要特别重视各级经理的人员管理能力的提升。下面介绍一下优秀经理日常管理中的规范动作。

（一）盖洛普路径

盖洛普公司曾经花了 60 年时间对企业成功要素的相互关系进行了深入的研究，建立了描述员工个人表现与公司最终经营业绩之间的路径，即盖洛普路径。如图 1-4 所示。

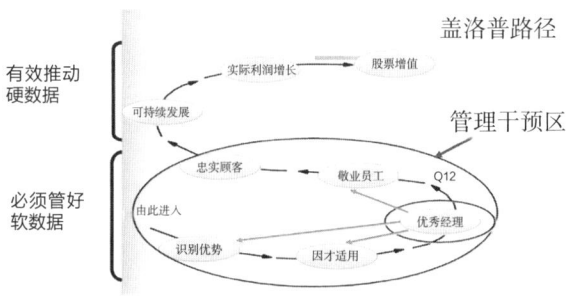

图 1-4　盖洛普路径

一个公司的股票增长依赖公司的实际利润增长，而实际利润增长取决于营业额持续增长。多数企业只关注这三个财务指标，却从来没有意识到，当这些指标发生时，已经成为过去，已经是后滞指标。而其他前导指标正是产生后滞指标的根本原因。公司营业额的增长是源于有一定的忠实顾客群和愿意为他们服务的员工，这些高度敬业的员工又源于优秀经理的管理，而优秀经理的选拔则归于公司的知人善任。从整个路径中可以看出，我们只有从"识别优势"到"忠实顾客"的前导指标达到先进水平后，才能改进后三个阶段的关键业绩。

著名的 Q12 测评法是针对前导指标中员工敬业度和工作环境的测量，盖洛普对 12 个不同行业、24 家公司的 2500 多个经营部门进行了数据收集，然后通过对它们的 105000 名不同公司和文化的员工的态度进行分析，发现这 12 个关键问题最能反映员工的保留、利润、效率和顾客满意度这四个硬指标。

盖洛普认为，对内没有测量就没有管理，因为你不知道员工怎么敬业、客户怎么忠诚。盖洛普拥有员工自我评测忠诚度和敬业的指标体系，Q12 测评法是员工敬业度和参与度的测量标准。

盖洛普还认为，要想把人管好，首先要把人看好，把人用对。给员工创造环境，发挥他的优势，这是管人的根本。用中国的话来说，就是使每个员工产生"主人翁责任感"，盖洛普称之为敬业度，作为自己所在企业的一分子，产生一种归属感。

盖洛普公司发明的 Q12 测评法在国际大企业中引起了很大反响，其主旨是通过询问企业员工 12 个问题来测试员工的满意度，并帮助企业筛选出最能干的部门经理和最差的部门经理。

（二）Q12 测评法与优秀经理的规范动作

盖洛普公司的两位专家马库斯·白金汉与柯特·科夫曼在对不同行业的大批优秀经理的管理进行深入研究后，于 1999 年联合出版了一本很有新意的畅销书《首先，打破一切常规》。在书中，他们将自己的研究发现与盖洛普独创的评测和管理基层员工工作环境的工具 Q12 结合在一起，全面展示了Q12 的魅力。这 12 个貌似简单的问题，居然可以有效地识别出一家企业最优秀的部门，也证明了员工民意与企业生产效率、利润率、顾客满意度和员工保留率之间有关联。

> 1. 我知道公司对我的工作**要求**吗?
> 2. 我有做好我的工作所需要的**材料和设备**吗?
> 3. 在工作中,我**每天**都有机会做我最**擅长**做的事吗?
> 4. 在过去的**七天**里,我因工作出色而受到表扬了吗?
> 5. 我觉得我的**主管**或**同事**关心我的个人情况吗?
> 6. 工作单位有人鼓励我的**发展**吗?
> 7. 在工作中,我觉得我的意见受到**重视**了吗?
> 8. 公司的使命(目标)使我觉得我的工作**重要**吗?
> 9. 我的同事们致力于**高质量**的工作吗?
> 10. 我在工作单位有一个**最要好**的朋友吗?
> 11. 在过去的**六个月**内,工作单位有人和我谈及我的进步吗?
> 12. 过去**一年**里,我在工作中有机会学习和成长吗?

图 1-5　盖洛普的 Q12 测评法

从图 1-5 可以看到,这 12 个问题都是我们日常工作中会接触到的。笔者在企业讲课时,每次都会先在课堂上列出这 12 个问题,然后问管理者:"这些工作有哪些是你们当下工作中不接触或者不会做的?"

答案通常是:"会做。"

再问:"做得好不好?"

回答:"……"

下面我们来解析一下这 12 个问题,解析有些长,请慢慢看慢慢品。

Q1 我知道公司对我的工作要求吗?

对员工来说,明白工作是什么是最为重要的一个环节,员工要知道具体的工作都有哪些、考核标准是什么之后,才可有效地开展工作。员工最累的状态不是加班加点,而是没活找活干,累心!

这几年笔者在给企业高管讲授目标管理或绩效管理课程时,一般都会先让他们写一写企业当年的年度计划目标(从目标管理的角度看,企业通常会设计 3~5 个年度计划目标)。如果课堂有 5 个讨论小组,当答案收集上来后,会出现一个很有意思的现象:5 个组呈现的是 5 个目标体系,而不是统一的公司目标体系。这说明作为公司的中高层,例如部门经理、部门总监、公司副总或总经理,他们之间对于公司目标的认知都会存在差异,有些是存在巨大的差异,不仅目标数量不同,甚至目标的内容也是大相径庭。这就意味着公司的目标在当年没有完全落地，即使有预算、有资源，投了项目，花了钱，却还是产生了大量纠纷和矛盾。

从这个角度来看，公司的目标在纵向上未能从公司拆分到部门再拆分到岗位，周期上未能将年度计划转化到每个月的月度计划，再用月度计划来指导周工作的开展，公司的目标仅仅是用来看的，如果完成了是运气好，完成不了是正常的。

所以，员工对于经理的要求，经理对于公司高级领导者的要求，是应当明确知道当年、当月、当周的工作目标以及目标达成的标准。如果对这些内容不清楚，员工只能是按照惯性开展工作，过去怎么做现在就怎么做，或者凭良心干活。可是凭良心干活容易陷入一个误区：做多少都是多的，给多少都是少的。

Q1 这个问题看似简单，但在当今的企业中，却是做得最不好的。员工总是自己找活干，意味着员工不知道到底要做什么，领导也没有安排具体的工作。如果出现这样的情况，也反映出该部门的管理是无序的，目标是不明确的，公司亦然。所以公司需要重视计划目标管理。

Q2 我有做好我的工作所需要的材料和设备吗？

员工拥有基本办公所需要的材料和设备，例如工位、工作用的电脑、工作邮箱、通信工具、办公用具等。如果企业的办公地点比较偏远，还涉及通勤补助、餐补、话费补助等。这就是"想让马儿跑，一定给马儿吃草"的逻辑，业务领导者在给下属提出工作要求的同时，也要给下属配备达成目标所需的资源。

其实，Q1 和 Q2 都是我们通常换工作单位时会首先考虑的问题。在面试的时候会问到工作职责、工作目标、权限、薪酬福利，那么在职员工的要求自然也会有这些。如果这些条件都不具备，就是领导的失误，或者没能力。

Q3 在工作中，我每天都有机会做我最擅长做的事吗？

企业在招聘时，一般都会考察候选人的知识、经验和技能是否匹配岗位要求，既然招聘都要考察这些，业务领导者更应该考虑在岗人员所从事的工作是不是他们擅长的工作。

笔者曾在一家证券公司给中层领导讲关于业务领导者的人才管理等方面的知识，有个交易部的经理提到她的下属经理反馈了一个问题，我觉得很有意思。下属对她说："领导，我能够达到您提的销售目标就可以了，您不要干预我具体卖哪个产品行不行？"因为总部既对销售收入总量有要求，也对具体销售的产品类别有要求。所以这位领导困惑了，不知道该怎么回复下属。

笔者问该领导：你的员工是不是对新产品不熟悉？领导点头。笔者又问：那你是否对他们做过关于如何销售新产品的培训？或者直接带他们去见见客户？领导回答没有。

通过交流可以看出来，下属不愿意卖新产品是因为他不会卖，如果领导强制要求而不提供帮助，员工一定会抵触，因为他真的不擅长。

前几年听闻有企业为了达到裁员的目的，强制将办公室人员调岗为保洁员，这样做员工自然会不满意，还会影响到企业的口碑。

从这个问题可以看到，部门经理一定要做到因人适用，如果做不到这点，员工只会做自己擅长的工作。除非是个人职业规划做得比较好的员工，可能会尝试新的挑战。所以当领导给下属安排下属不擅长的工作时，一定要注意做目标拆解、辅导并教会他怎么做，否则出现不希望看到的结果是在所难免的。

当然，员工只有在工作中用其所长，才能充分展现其潜力。当一个员工的天生优势与其所任工作相吻合时，他就可能出类拔萃。所以知人善任是当今公司和经理们面临的最大挑战。

Q4 在过去的七天里，我因工作出色而受到表扬了吗？

对员工的认可和表扬是建设良好工作环境的砖和瓦。每个人都需要获得认可，以及由此而生的成就感。盖洛普在研究中发现，表扬已成为一种与员工有效沟通的方式。

员工希望在一周内至少能够受到一次领导的表扬。安迪·格鲁夫曾经提到过：如果上级领导能够抽出时间给员工做 15 分钟有辅导性质的谈话，员工在接下来的两周之内会充满干劲。这和盖洛普的调查统计是相互印证的。

这就要求各级经理在日常工作中要善于发现员工的长处，给予相对客观的表扬。有的经理在课堂上提出，如果每周都表扬，实在是不知道该表扬什么了。笔者提供一个万能表扬术，无论是男同事还是女同事、年轻的还是年长的，都适用的一句话：你怎么又瘦了呢？这句话无论谁听到，心理感受都会特别好。

这句话不能只从表面意思理解，重要的是当领导在对下属说：你怎么又瘦了呢？实际说明的是领导心里还有你，你还没有被边缘化。对一个人最可怕的处理方式不是不表扬，而是视而不见的冷漠。

作为经理，情商需要高一些。不过这也对经理提出了新的挑战，无论是喜欢的下属或者不喜欢的下属，都要表扬。如果是喜欢的下属，表扬起来当然不在话下；表扬不喜欢的下属，领导者可能就要承受生理和心理上的巨大不适。可换个角度看，如果对不喜欢的下属都能表扬，那还有什么是不能克服的呢？

Q5 我觉得我的主管或同事关心我的个人情况吗？

离职的员工并不是要离开公司，而是要离开他们的经理和主管。在现在的公司管理中，经理和主管对员工的影响很大。对员工的关心可以增加双方的信任度，而这种信任会左右员工对公司的看法。

当我们刚进入一个公司，如果身边有老同事或者领导询问：你有男朋友了吗？这句话的背后隐藏的意思其实是他已经接受你了，觉得你为人还不错。

除了正常的工作交往，上下级或者平级跨部门的同事之间，也应该有一些私下的交流，可以涉及方方面面，如个人发展、家庭情况等。这也是一种相互接纳和认可的状态。

Q6 工作单位有人鼓励我的发展吗？

工作使员工有机会每天接触新情况和发现新方法来迎接挑战。在今天的工作环境下，终身受雇于一家公司已过时。新的重点是终身就业机会。优秀的经理们会挖掘员工的自身优势、才干并鼓励他们在适合自己的方向上发展。

一般需要鼓励员工个人发展的都是上级领导或者部门负责人、公司副总，经常问一问员工的学习情况、在公司的适应情况、工作情况等，这也是一种接纳的表现。

Q7 在工作中，我觉得我的意见受到重视了吗？

意思就是员工提出的合理化建议有没有被上级领导采纳。

例如在部门例会上，经理正在讲话，突然有人说：领导，我有一个好的想法。领导听到这句话时，若无动于衷，继续讲话，这种情况发生过两三次之后，员工基本就没有发言的主动性了，哪怕之后你问他，他都不会说了。而如果经理这时能够停下来，询问：你有什么好的想法，可以说说看。员工说完后，经理感觉不错，对其说可以与同部门的某位同事一起出个可行性方案。这时候该员工一定是大受鼓舞，以后有什么好的想法都会提出来，他也会觉得自己在这个公司、在这个部门是受到重视的。

Q7 通常被称为"个人股价",即个人说的话在本企业的受重视程度是"个人股价"的表现。有的时候如果员工在企业受重视程度高,即使隔壁公司涨薪30% 挖他,他也不会去。

该问题旨在测量员工对工作和公司所产生的价值感,并能增强员工对公司的信心。

Q8 公司的使命（目标）使我觉得我的工作重要吗？

员工如果能将公司的价值、目标和使命与自己的价值观念相联系,就会产生很强的企业认同感、归属感和目标感。如果员工认为他的工作对公司整个目标很重要,这将加大他的成就感。

例如公司内的专职司机岗位,行政经理该如何与这个岗位的员工沟通,以体现公司的使命（目标）与其工作内容是息息相关的呢？因为一般来说这个岗位都不太受公司重视。

第一种说法

行政经理："老刘,你的工作特别重要,你记住你是咱们公司的门面,如果你的着装、言谈举止符合商务礼仪的标准要求,客户在被你服务的过程中,就会觉得咱们公司是一个管理规范的公司,进而会提升他对咱们公司的认同度。这意味着如果你成功服务了客户,咱们公司的目标也就实现了一半,所以你的工作特别重要,好好干啊。"

第二种说法

行政经理拍拍老刘的肩膀,说："老刘,好好干啊,这个工作很重要,反正是个人都能干。"

如果行政经理这么说,老刘会做何感想？

现在公司里有很多领导嘴上说这项工作很重要,但满脸都是这活谁都能干的神态,那就麻烦了。员工其实能感受得到的。

所以公司一定要把大的目标分到部门,然后再分到二级部门,再分到岗位,最后转化成工作计划,而工作计划也要继续细化到季度、月度和周,层层落实。同时,每一级负责人都要与下属员工认真沟通,让员工的工作能够跟公司的目标产生连接,体现员工岗位工作的价值,这样公司目标的达成才有保证。

Q9 我的同事们致力于高质量的工作吗？

如果员工被公司接纳了，而且工作能力和业绩都不错，他不但会挑领导，也会挑同事。如果他是一个干活的人，他也会要求自己周围的人是干活的。

例如有的企业的部门经理能力好、业绩好，也愿意带人，部门基本是蒸蒸日上、一团和气的，一旦这个经理离开了，部门士气往往会一落千丈，下属也会陆陆续续离开。

所以，有能力的员工一般都希望和有能力的同事共事。当然，员工高质量的工作能增强团队精神，继而在整体上提高效率和改进质量。

Q10 我在工作单位有一个最要好的朋友吗？

高质量的人际关系组成一个良好的工作场所，良好的工作场所会帮助员工建立对公司的忠诚度。公司往往关注员工对公司的忠诚度，然而，优秀的经理能认识到，忠诚度同样存在于员工之间。员工之间关系的深度对员工的去留会产生决定性的影响。

举个例子，公司里有两个女员工，关系特别好，无话不说，像闺密。其中有一个女员工被猎头推荐到另一家单位，聊完之后发现待遇和职位都不错。她会跟现在公司的朋友说有这么一个机会，涨薪 30%，职位从主管晋升到经理，两家公司的规模都差不多。那么作为朋友，另一位员工一般都会说这是个好机会，一定要去，但说完这句话后也会感慨一句："就是你走了之后，我在这家公司都没人说知心话了。"准备跳槽的女员工晚上回家后琢磨朋友的话，一想对啊，虽然待遇提升了，但还需要适应新环境，也有风险啊，还是不去了。这是正常的想法。也有学员会说：如果是我，我就会带我的朋友一起走。

当然，有些比较官僚的企业领导者是抵触员工之间抱团的，害怕会威胁到自己的地位，所以会想方设法拆散他们，这与 Q10 是背离的。

Q11 在过去的六个月内，工作单位有人和我谈及我的进步吗？

员工往往并不了解他们的具体行为会表现得如何，他们需要从经理那里获得反馈来发挥才能和产生效益。优秀的经理常常会不断地与员工进行工作交流。

一般外企每半年就会有一次上下级之间非常正式的绩效沟通。绩效沟通是上级基于下属上半年的工作目标达成情况，和下半年的目标计划做的一次谈话，总结上半年哪些地方做得好，哪些地方还有待改进，下半年有哪些计划目标。这是一种比较好的互动交流的方式，可以达成几个目的。

- 一是对员工的认可。
- 二是阶段性辅导。
- 三是提出更高的要求。

如果去做这个工作的话，效果会非常好，但是国内企业的经理人是特别忌讳做绩效面谈的，他们担心万一谈崩了怎么办？

经理人一定要注意了，绩效面谈是基于经营员工的目的去谈的，无论是谈员工的进步还是待提升的地方，都会帮助员工有一个阶段性的自我认知，实际上是给员工照镜子。

Q12 在过去的一年里，我在工作中有机会学习和成长吗？

成长是人类的天然需要。学习和成长的一个途径就是寻找更有效的工作方法。对员工来说，只要有机会学习，就能更好、更有效地工作，获得快速成长。这意味着员工希望知识经验和技能一定要有提升。不管是上级辅导、企业内训还是外派学习，至少要为员工创造这样的机会。

这 12 个问题，每一个问题都与公司、各部门、各岗位的日常工作紧密相关。难吗？不难。但是真正能做到位的企业或者经理人、业务部门的领导，少之又少。这些基本上都是业务领导者在常规的时间和规定的时间要做的事情，这些事情要么是给下属配备资源，要么是辅导、激励和发展员工。而笔者在真实工作访谈的时候，发现这些工作往往是被部门经理推给公司人力资源部门来做的。如果业务领导者不做这些规范动作，那么团队的建设和团队人员的发展就没有方向。

（三）敬业阶梯

图 1-6 所示的敬业阶梯将 12 个问题分为 4 个等级，匹配的是马斯洛的需求层次理论，没有包含最底层的生理需要，因为生理需要基本都能满足。

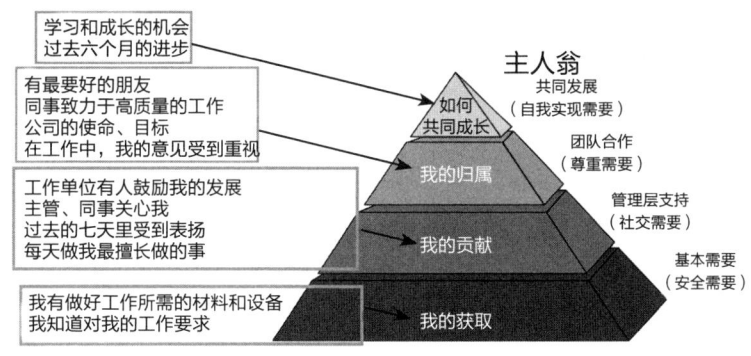

图 1-6　敬业阶梯

　　安全的需要对应的是测评法中的 Q1 和 Q2，员工需要知道工作的要求以及得到做好工作所需要的材料和设备。当员工获得一个新职位时，他的需求是最基本的。他想知道企业对他有什么要求，他将挣多少钱，他甚至也会很关心上下班的路途、是否会有一间办公室、一张写字台乃至一部电话。此时，员工一直在想的问题是——从这个职位中我能得到什么？

　　社交的需要对应的是测评法中的 Q3 至 Q6，员工需要和领导、其他同事有互动交流，企业需要有良好的企业文化氛围，如果没有，员工会感觉工作环境就好像缺氧一样。并且员工要能够在工作中感受到自己对团队、对企业的贡献。他想知道自己是否称职，会向自己提出这样的问题——"我在目前的岗位上干得好吗？别人认为我很优秀吗？如果不是，他们又是怎样看待我的？他们会帮助我吗？"这一阶段，员工的问题主要集中在"我能给予什么"，他特别关心的是个人贡献和别人的看法。这 4 个问题不仅能帮助员工了解自己是否能胜任现职（Q3），而且能帮助他了解别人是否看重他的个人业绩（Q4），以及别人是否看重他的个人价值（Q5），是否打算对他的发展投资（Q6）。这些问题反映了员工关注的焦点是个人的自尊心和价值。

　　尊重的需要对应的是测评法中的 Q7 至 Q10，员工需要归属感，需要团队合作，需要自己在工作中提出的意见得到重视。员工会问自己："我属于这里吗？"他也许是一个服务至上的人，但身边的人是不是也都像他一样，整天为客户操劳；也许他的独到之处是拥有无穷的创造力，但身边的人是不是都在锐意创新呢？不管他有什么样的价值观，攀登到这一阶段，他真正想知道的是自己是否适应周围的环境。因此，他会问自己前述 Q7 到 Q10 的问题，以测量自己的现状。

自我实现的需要对应的是测评法中的 Q11 和 Q12。在这个阶段，员工会急于看到每个人都有所提高。所以，他会问："我们如何共同成长？"这一阶段告诉经理们：唯有经历了前面 3 个阶段，才能卓有成效地进行革新。要进行革新，并把新点子用于实际，就必须关注正确的期待（第一阶段，Q1 至 Q2），必须对自己的专长充满信心（第二阶段，Q3 至 Q6），还必须对周围的人是否接受自己的新点子做到心中有数（第三阶段，Q7 至 Q10）。如果他对上述所有问题不能做出肯定回答，他就会发现，要把所有的新点子用于实际几乎没有可能。最后的两个问题就是用于测量第四阶段（Q11 至 Q12）的效果的。

所以，从敬业阶梯可以看到，虽然是日常工作，但是它满足了员工不同的需求。如果这些需要都能得到满足，说明企业对员工的经营做得非常好。

有数据显示，员工敬业度高的公司与员工敬业度低的公司相比有以下不同。

· 员工的保留率将提升 13%。这就意味着公司不用大规模招人，因为优秀的人才都能留住。

· 生产效率提高 5%。如果是生产经营类的企业，这个数据是非常了不起的。

· 顾客满意度增加 52%。如果企业能做好 Q12，把员工经营好，员工就会非常认可企业，从而善待企业的客户。员工只要有这份敬业意识，客户就能感受到温暖，进而愿意购买企业的产品和服务。

· 公司利润高出 44%。敬业度实际就是态度，如果员工能够改变态度，所创造的额外利润是很大的。假设企业去年赚了 1 个亿，今年赚了 1 亿 4 千万元，企业拿出 2400 万元给这些敬业度高的员工发奖金，对员工来说，回报也提升了。

盖洛普基于其多年来对优秀员工和团队的研究经验发现，在公司中，具有高敬业度的班组或团队往往有以下特征。

• 56% 更有可能拥有高出业界平均值的顾客忠诚度。忠诚的顾客将为公司带来长期、持续、稳定的发展。

• 33% 更有可能创造高出业界平均值的利润。这些工作团体将更有可能完成公司在经营业绩上的期望："最大可能地提高利润率、股东权益和可持续发展。"

• 50% 更有可能实现高于业界平均值的生产率。

• 44% 更有可能拥有高于业界平均值的员工保留率。

Q12 是企业经理带员工进行日常工作的过程，这个过程本身就是在经营员工。那么我们要时刻问一问企业的领导者们：你们的 Q12 做得好不好呢？

三、如何成为一名值得信赖的主管

上面我们解析了 Q12，笔者在这里总结一下国内企业主管与员工建立信任需要做的工作项目，归纳为以下六点。

• 认可、执行、宣贯公司的价值观。
• 忠诚、担当、具备学习意识和学习能力。
• 做正确的事。
• 具有可信的表达能力。
• 能够平衡自己的情绪。
• 具有危机意识和成就意愿。

（一）认可、执行、宣贯公司的价值观

下面笔者介绍一下企业文化模型，如图 1-7 所示。

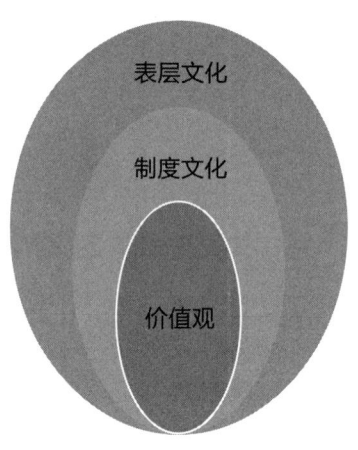

图 1-7 企业文化模型

企业文化模型的核心是价值观。价值观是判断是非对错的标准，一个人的价值观在 18 岁时就已经基本形成了，而且很难改变。如果员工的价值观和企业的价值观不一致，员工待在企业会很别扭，因为其他人都认为对的事情，该员工认为是错的，还不好直接表达出来。

很多企业的价值观都会包含以人为本、创新、不违法犯罪等内容，这些价值观的词条不太适合做日常企业管理规范，单单凭借文字、口号是很难让企业文化落地的。笔者在 10 年的培训过程中，只遇到两三家企业能够异口同声地说出本企业的价值观条目。如果企业中高层经理都不能准确说出本企业的核心价值观，说明企业的价值观只是个形式，也意味着企业文化的核心是一个空洞。这样的企业在经营的过程中往往容易犯一些低级的错误。

所以，企业文化落地需要搭建企业文化模型的第二层——制度文化。制度流程包括行为规范和流程规范。

行为规范。符合热炉效应，企业建立管理约束机制后，如果有人违反组织纪律，就会受到严厉的惩罚。这就像你用手触碰烧热的火炉，会烫得立即将手缩回来一样。此后再遇到火炉，会尽量避免触摸（这一效应的实质是在"人 – 组织规则 – 惩罚"间建立的一种条件反射机制）。流程规范分为 5 个部分。

· 第一部分是总则，包括原则、目的、适合的群体。

- 第二部分是职责，涉及部门和人员，以及部门和岗位的具体职责。
- 第三部分是流程，包括实施步骤、责任人和时间安排。
- 第四部分是奖惩，即做得好会获得的奖励，做得不好会受到的惩罚。
- 第五部分是附则，一般是一些固定的表格。

这里需要特别强调的是，奖惩的依据是企业的价值观。制度流程是需要遵照执行的，只有这样才能保证价值观落地。例如阿里巴巴的绩效考核中有 50% 的权重是考核价值观。每一个价值观分为 5 个等级，并配以每个等级详尽的描述，如果第一个等级做不到，那么其他 4 个等级肯定也做不到。员工不仅要对每个等级打分，还要对过高和过低的分数附上具体的行为事例，按照 "STAR 原则" 呈现。

企业文化的落地必须要做制度文化建设，并且与价值观紧密相关。如果价值观不统一，会造成部门间、岗位间的冲突，也会造成员工工作的混乱，变成桌面上一套文化，桌面下一套文化的局面。

企业文化模型的第三层是表层文化，例如企业的 LOGO、小礼品、装修风格等。再看第一条的内容：认可、执行、宣贯公司的价值观，这是 3 个层级的概念。

先说认可公司的价值观，举个例子：如果公司为了规范管理，新发布一项管理制度：考勤统一采用钉钉。有部分经理和员工都反对，那就说明他们不认同企业的制度，不认同制度就是不认同企业的价值观。那这样的人留在企业内是有风险的。

认同了企业的价值观之后，还需要认真执行。凡是公司价值观、制度规定的东西，业务领导者作为企业的一员都应该尊重并执行，不能阳奉阴违。因为员工很聪明，不但会关注领导的语言表达，更会审视领导的具体行为。只有领导认可了，并且做到了企业文化要求，员工才会主动跟随。

宣贯意味着业务领导者要时刻向员工传递企业的价值观，如果有可能的话，业务领导者要给员工讲解公司的文化。作为下属的导师，业务领导者要有意识地传播、指导公司的文化。

（二）忠诚、担当、具有学习意识和学习能力

对企业忠诚就是对领导忠诚、对老板忠诚，不能一边拿着老板给的薪水，一边说公司不好。

很多企业都有这种情况：吃完午饭，两个人散步通常说同部门第三个人不好，三个人散步说其他部门不好，五个人以上散步说公司不好。这里就存在不认同价值观的问题。认同企业的价值观、对企业忠诚是对职业经理人最基本的要求，如果做不到对所在企业的忠诚，不如换一家公司上班。

担当意味着要勇于承担责任，不能遇到荣誉就抢，遇到责任就闪，但凡这样做几次事情，你在老板心目中的形象就大打折扣了。工作中可做可不做的如果不做，那么年底老板可给可不给的就不会给。

学习意识是说每个人都要有学习的意愿。其实学习的意识大家都有，就像很多家长哪怕一个月赚 1 万元钱，也恨不得拿出 9900 元给孩子报补习班，因为家长知道学习重要。

如果员工的价值观没有问题，那么造成人与人之间差距的最大原因就是持之以恒的学习能力。我们从大学毕业到步入职场，在前 5 年，同学间的差距还不会特别明显，但到了 5 年以后，尤其是 10 年后，有的同学已经成为企业的高管或者自主创业，年薪百万，而有的同学仍然是普通的职员。所以一个人的成功除了拥有把握机会的能力外，最重要的就是学习力及多年始终如一的坚持。

有一个经典的故事。

有两个和尚分别在相邻的两座山上的庙里修行。两山之间有一条溪流，两个和尚每天都会在同一时间下山去溪边挑水。久而久之，他们便成了好朋友。

弹指一挥间，不知不觉，一晃就是五个春秋。忽然有一天，左边这座山上的和尚没有下山挑水，右边那座山上的和尚心想："他大概睡过头了。"哪知第二天，左边这座山上的和尚还是没有下山挑水，第三天也一样，过了一个星期，还是如此。直到过了一个月，右边那座山上的和尚，终于按捺不住了。

他心想："我的朋友可能生病了，我要过去探望他，看看能帮上什么忙。"于是他便爬上了左边这座山去探望他的老朋友。

等他到达左边这座山上的庙，看到他的老友之后，大吃一惊。因为他的老友正在庙前打太极拳，一点也不像一个月没喝水的人。他好奇地问："你已经一个月没有下山挑水了，难道你不用喝水吗？"左边这座山上的和尚说："来来来，我带你去看看。"于是，他带着好友走到庙的后院，指着一口井说："这五年来，我每天做完功课后，都会抽空挖这口井。虽然我们现在年轻力壮，尚能自己挑水喝，倘若有一天我们都年迈走不动时，我们还能指望别人给我们挑水喝吗？所以，即使我有时很忙，但也没有间断过我的挖井计划，能挖多少算多少。如今，终于让我挖出井，我就不必再下山挑水了，我可以有更多的时间，来练习我喜欢的太极拳了。"

在工作上，我们挣薪水就像是挑水，但我们也应该把握下班后的时间，挖一口属于自己的井，培养自己另一方面的实力，给自己多铺一条路。这样当我们年纪大了，即使体力拼不过年轻人，我们依然还会有水喝，且源源不断，而且还能喝得很悠闲。

企业在经营时，是否也要为自己"挖一口井"呢？培养新人，给未来投资，这何尝不是企业长远发展之"井"呀！

（三）做正确的事

领导是做正确的事，而管理是正确地做事。领导要有创新意识，引导员工往正确的方向前进，不用担心出错，要敢于采用新方法、新思路。假如第一次跟员工提出要尝试新方法，即使刚开始员工不愿意，也要坚持说服员工，只要员工感受到效率的提升，他们也会努力尝试新方法。

（四）具有可信的表达能力

作为业务部门的领导者，说话要具备感染力，一个合格的业务领导者不但会工作，还能说服下属一起工作。可信的表达能力可以起到事半功倍的效果。

（五）能够平衡自己的情绪

业务领导者可以发火，但不能情绪化。如果领导有事没事都在部门内大吼，这会对员工的心理带来巨大的影响，令员工时时刻刻处于恐慌的状态，员工就会有上班很煎熬的感觉，从而增加员工离职的概率。假使员工也情绪化，这就很容易引发一些冲突。控制情绪是人成熟的标志，也是对合格领导者的最低要求。

（六）具有危机意识和成就意愿

缺乏危机意识，就会缺乏学习的意识，甚至不认同企业的价值观。任正非说过：如果一个人能假积极一辈子，那么他就是真积极！员工与企业的价值观是否吻合很难判断，但是符合价值观的行为是可以看到的。员工如果有危机意识，他就愿意做出符合企业价值观的行为。

员工如果缺乏危机意识和成就意识，那么对于企业的依赖就变成了生存性依赖，一旦大环境发生变化，企业或者现在从事的职业消失了，这些员工就失去了再就业的能力。人最舒服的状态是凭本事吃饭，即不依赖任何一家单位，哪怕做自由职业，生活得也会很幸福，挣的比原来还要多，工作时长还短，这种状态是凭本事吃饭。而实现这样的状态，一定是人们在工作的前 10~15 年的时间，加班加点，认认真真完成工作，同时要抓紧时间学习，不断提升自己。只有这样，后半程的职业生涯才会走得比较从容。而经理只有愿意成就自己，才会愿意帮助他人、成就他人。

成为一个值得信任的主管，首先要积极向上，要能够引导部门的员工共同成长，否则就会耽误员工，耽误公司的发展。

四、业务领导者的人力资源责任

（一）业务领导者的部门管理职责

一般情况下，业务领导者的工作包括管人和管事两大类，包含 6 个方面，如图 1-8 所示。

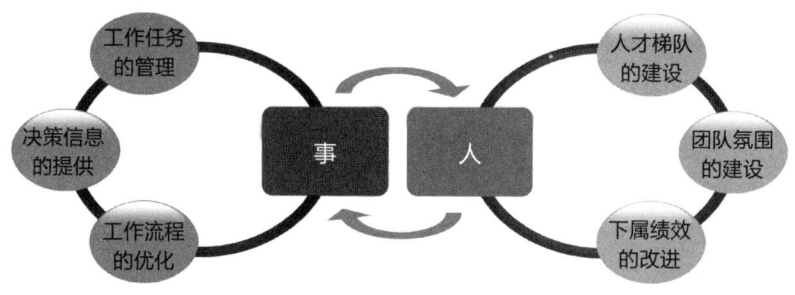

图 1-8　业务领导者的职责

1. 管理工作任务

每个公司都是基于愿景和战略制定年度计划目标，再将目标分解到一级部门、二级部门和岗位，再转化成工作计划，分到季度、月度、周。在员工看来，周计划就是领导指派的具体的工作任务，俗称"派活"。

经理不仅要擅长往下派活，还要要求员工主动反馈工作的完成情况，如果员工不反馈，经理要做工作任务跟催，保证本部门工作目标的达成。

2. 提供决策信息

在企业中位于什么位置，决定了你拥有什么资源和数据。所以一方面经理要向上提供上级领导所需的数据，另一方面要将上级传达的决策信息或工作任务，向下反馈给员工，这样才能保证决策流程的顺畅。

3. 优化工作流程

经理一般分为 3 个等级。

第一个等级是会干活，但是不能带人，不知道怎么管理下属。第二个等级是会干活，还能把工作流程写出来，还能基于工作流程安排工作。如果工作流程已经存在了，他能够根据工作经验和实践，优化流程。第三个等级是会干活，也会做流程优化，不仅如此，还能将流程技能化，并培训和辅导其下属更好地展开工作。这是当前经理人的发展趋势之一，即经理人的"内训师化"。未来企业一定是业务技能由内部员工来培训，通用技能找外部讲师培训。工作流程的优化，不但能够提升效率，也能创造价值。

4. 人才梯队的建设

基于部门或本单位的工作目标，需要配多少岗位，每个岗位配多少人，每个岗位配具备什么样的工作能力或者工作水平的人，这些都需要经理根据公司的用人政策规划和设计部门的岗位需求。

如果公司对用人标准没有特别要求，那就根据经理个人的用人情况选择，是选一个水平高的员工，多给一些待遇，还是选几个水平一般的员工，给少一点钱，由经理自己决定。

每年工作结束后，经理要做人才盘点，哪些人需要做技能提升，哪些人需要做领导力培训，哪些人需要裁掉，剩下的岗位要招多少人，招什么样的人，花多少钱招，这些内容经理一定要梳理清楚，为后续的工作打好基础。

5. 团队氛围的建设

企业都有企业文化，到了部门还有部门的亚文化。说白了，部门经理什么样，部门就什么样。如果经理是个"咆哮帝"，部门里的人总胆战心惊，很可能大家一天都说不了几句话。如果经理职业化程度很高，也愿意带人，部门员工即使加班加点也愿意，因为身体虽是疲惫的，但心情是愉悦的。当下的年轻人都特别喜欢成长型的团队氛围，既能干活，又能不断提升技能，获得自我成长。

6. 下属绩效的改进

前文讲到 Q11 时提到，经理每半年要给员工做绩效反馈。给员工做绩效反馈的目的是表扬员工做得好的事项，辅导员工做得不好的内容，提出改进的方式，让员工在工作的过程中有获得感，具体包括两个部分：一个是技能的提升，另一个是收入的提升。

（二）业务领导者的人力资源责任

业务领导者的人力资源责任归纳起来包含 6 个方面的内容，也叫员工管理的核心 6 任务。

1. 选择人

理清职责，有效招聘。岗位职责要清晰，公司的岗位说明书要根据每年的年度计划目标进行优化和更新，如果用 10 年前的岗位说明书招人，多半招来的人都是来"渡劫"的，降低了招聘的准确度和岗位的匹配度。

有效招聘包括内部招聘和外部招聘。如果从激励企业员工的角度看，内部招聘要多做，打通了内部晋升的通道，员工的获得感会增加，并且愿意留在公司。

2. 要求人

制定目标，委派授权。选择完人后，一定要给员工配上合适的工作目标计划。经理给下属派活也有两种形式，一是委派，二是授权。委派是指同一岗位有好几个人，要派给谁干；授权是指属于领导自己的活，或者模糊地带的活，直接授权谁来干。

3. 辅导人

在岗授能，有效改善。在实际工作中，业务经理要带着下属一起工作，把人给带出来，在工作岗位中实践是带人最有效的方式。员工能够获得成长，员工自学和内部培训占 30%，而在岗辅导占 70%。特别需要强调的是，目前在岗员工的需要，绝大部分是辅导而不是重新学习。

4. 激励人

及时赞赏，正向反馈。有的时候员工虽会干活但不太愿意干活，觉得没什么意义，干多干少都一样。当出现这种情况时，业务领导者应先了解清楚原因，了解员工的真实需求，再给予员工激励，该表扬就要表扬，该奖励也要奖励。激励一定要及时，多做正向反馈，少做负向激励。

5. 评估人

肯定进步，面向未来。人是业务领导者招来的，给员工派了活之后，不会做的工作要辅导他，工作做得好就表扬他。到了评估环节，如果打了"C"（评分等级自高到低为 A、B、C）下属不认同，说明这就不是你的兵，要赶紧调整。

评估的目的不是打分，而是给员工做一个客观的评价。肯定员工上一个阶段的进步和取得的成就，同时对他工作不足的地方或能力不足的地方，提出提升的要求以及改进的方法；也要告诉员工，有问题随时沟通，你会提供辅导，有情绪时随时找你，你也会耐心倾听或提供支持。

6. 保留人

保障配置，保留空间。如果上述工作都做好了，就要保留人了。例如骨干员工，要尽量保证其各项配置都齐全。如果是和员工谈离职，也要谈不是因为他不好，也不是公司不好，而是因为他在这里发展会受限，所以可能需要一个更好的空间，将来到其他单位的时候，可以给他写推荐信。

这就是业务领导者的人力资源责任。

职场感悟：如果你是部门领导，员工不尊重你，处处和你作对，你该怎么办

经理的员工管理核心 5 任务。

· 选择人 – 理清职责 有效招聘

· 要求人 – 制定目标 委派授权

· 辅导人 – 在岗授能 有效改善

· 激励人 – 及时赞赏 正向反馈

· 评估人 – 肯定进步 面向未来

一、选择人

如果你是部门经理，那么部门人员的编制和人员具体的工作安排是你的本职工作。每年年底你需要根据公司的年度目标，制订本部门的人员编制计划。同时梳理出待招聘岗位的岗位说明书。

具体的招聘工作，可以依据公司的招聘习惯开展内外部招聘。当然，无论用哪种方式，都需要严把质量关。

如果员工不尊重你，那么在每年的年底做人力规划的时候，可以把不服从管理的员工列入淘汰名单。或者申请人力资源部门把此人调到其他部门。如果你不喜欢此人，而对方也不尊重你，那么你不把他调走，一定是公司管理不规范，或者是双方都有相互折磨的毛病。

二、要求人

把人员通过内外部的招聘渠道招聘到位后，就需要按照其岗位职责给其匹配合适的工作任务，避免出现冗员和效率低下的问题。

布置任务的方式有委派和授权两种形式，委派的工作属于员工岗位职责范围内的工作，经理要根据自己的管理习惯看一下应该派给哪一位员工。授权的工作是员工职责范围外的工作，经理要慎重授权，因为授权不授责。

所以从这个角度看，经理可以通过委派和授权让不尊重自己的员工边缘化。

三、辅导人

经理把员工招聘到岗位后，如果员工能力尚有欠缺，那么需要经理在工作开展过程中，有计划地培养和辅导下属，让其具备基本的实操技能，这样可以保证工作的顺利开展。员工的岗位技能是通过干活修炼出来的，目前在岗的大多数员工，缺的可能不是培训，而是在职辅导。

这个环节，如果经理和员工意见相左，则继续边缘化他即可。

四、激励人

员工工作一段时间以后，有可能会出现工作热情不足的情况，虽干活但兴趣不高。这个时候，经理需要跟员工面谈，了解员工需求，同时做必要的激励。激励的方式有诱因激励法、恐惧激励法和人性激励法。经理根据实际情况选择就好。如果员工都不尊重你，那就没有必要去激励了。

五、评估人

部门的人员是经理招聘过来的，工作是经理安排的，员工不会干，经理去辅导，员工不愿意干，经理去激励。那么在绩效考核的时候，员工的成绩也自然而然就出来了。

如果费了那么大的功夫，员工还不接受考核结果，此人就可以开除了。

第 2 堂课　选择人——理清职责　有效招聘

员工加入的是公司，离开的是经理

员工是因为公司比较好，才加入公司的。一家规模大，从业人员超过了 1000 人的企业，基层人员离公司的老板是很远的。所以对于员工来讲，自己的直接上级（业务领导者）就是公司领导，如果上级对员工不好，那么员工每天上班就会很挣扎，时间久了心态就会崩，有可能会变成"老白兔"或者干脆选择离职。

同样，业务领导者要基于部门职责和工作重点搭建合适的团队。而团队的规模和团队成员的素质如何界定，是他们必备的技能。

本章节学习内容。

· 你最想聘用的员工的特质

· 人岗匹配的三个层次

· 如何组建部门

· 如何招聘人

这一堂课主要介绍业务领导者如何选择人，如何明确岗位职责，做有效招聘，最终达成组建高绩效团队的目的。

一、你最想聘用的员工的特质

招聘圈有个不成文的惯例：如果企业人员规模是在 300 人以内，那么每招聘一名员工，公司老板都需要参与面试。因为老板是企业行走的价值观，务必要在面试的阶段就让候选人真实了解到本企业核心的价值观是什么。同时也让老板对入职人员有个初步的了解，毕竟公司的前 300 名员工，如果能够留下来的话，会是公司的种子选手，将来这部分人会成为公司的管理骨干和技术大拿，会是公司文化和价值观的坚定传播者。同样的道理，部门组建之初的员工，如果选拔准确，培养得当的话，一定会成长为本部门、本企业的骨干力量。

企业招聘面试通常会有三关：人力资源部门、业务部门和老板。据说阿里巴巴的面试有四关，目的是合理分工、严格把控、保证招聘的准确度。

笔者授课时会设计一个小的头脑风暴：学员分小组，给大家 3 分钟的时间，写下你最想聘用的员工的特质。写得最多的组会有奖励，进而激发出学员的斗志。曾经在一个学员单位，有个小组写出了 61 个最想聘用的员工的特质。

在各学员小组分享完毕后，笔者会问他们：在候选人数量充足的情况下，每一个面试官是不是都会有一些自己偏好的问题呢？大家都表示认同。如果按照通用的选拔标准来试一下：第一，高颜值，基本能筛选掉 50%；第二，能喝酒，筛选掉 25%；第三，人品好，筛选掉一半仅剩 12.5%；第四，任劳任怨，基本就剩下 6.5%。

倘若企业没有统一的用人标准，面试官面试的时候就会根据个人偏好提问，假设每个面试官在面试的时候都有那么两三个关注的偏好特征，企业需要三轮以上的面试，那就会有 6 个偏好特征，基本上就是百里挑一，招聘人的难度就加大了。

那到底企业需要招聘什么样的人呢？或者说候选人需要具备什么样的特质呢？

在课堂上，笔者会给学员看一段几分钟的视频《乞丐与美女》。视频讲的是一个有高素质、高技能的乞丐跟一位美女探讨乞讨技巧的对话，会涉及客户群体的 SWOT 分析、乞讨的时间分析、机会分析、乞讨态度、生活理念、工作理念等。看完视频之后，笔者请学员说出视频中的乞丐是不是一个优秀的乞丐，以及这名乞丐作为优秀乞丐的特质有哪些。一般情况下学员至少会总结出 10 项，多的能总结出 20 项。

通过视频，笔者总结出优秀员工的以下三个特质。

（一）深刻了解工作的本质

岗位招聘的目的是承担岗位工作，这个人要懂这些活应该怎么做，所以需要候选人深刻了解工作的本质。在面试的时候，面试官发现候选人非常懂行，如果业务领导者是现场的面试官，会发现候选人甚至比面试官都还精通业务，面试官就会眼前一亮，恨不得把这个人以企业能够付得起的这个岗位的最高薪酬招过来。

笔者常说的候选人不行，实际上多数情况下说的就是候选人不太懂业务。

（二）良好的心态

这个特质当今社会上很多人都有欠缺，要么生理上不健康（亚健康），要么是心理上不健康（心态易崩）。所以若招聘到的候选人有正能量或者心态好的话，是不是就特别幸福？在企业内这样的员工多的话，我们想一想：一群很有正能量、很温暖的人在一起，部门的氛围会不会让人感觉很舒服？

一般情况下在面试的时候会发现，如果候选人有良好的心态，聊的时候会让人感觉很舒服，遇到这样的人即使要花的代价高一点，也要把他招过来，这样比较利于团队力量的凝聚。

如果是心态不好的员工，可能会做出一些极端的行为，这会给部门领导和其他同事心理上造成阴影。

（三）较高的智商和情商

智商高的人能更深刻了解工作的本质。有学员问："老师，智商怎么面试？"现在面试的时候不可能会测智商，如果企业测试候选人的智商的话，候选人可能因为不满而转身就走，他会觉得这个公司不太正常。但是企业可以通过一些辅助的条件来进行评测，比如，企业可以招第一学历是大学本科的人，并不需要一定是 211 或者 985 院校的。第一学历是本科的就能保证智商不会特别低，一般高考的时候，除极个别人能超水平发挥，或者极个别人发挥不好，多数人还是正常发挥的。所以通过大学第一学历是本科的要求，可以达到评测候选人智商的目的。当然，如果在面试的时候发现有的人反应迟钝、语言表达能力差就可以直接筛掉。

再就是情商。若说智商高的人会干活，那么情商高的人是不是会当领导啊？笔者工作过的企业的一位领导曾经说过："情商高就是'你装，我装，他也装'，装到职位达到最高后就不用装了。"跟情商高的人一起工作，他的乐观心态会带动你，共事的时候会很舒服。

所以企业最想聘用的员工的特质，基本上就是三个：深刻了解工作的本质、良好的心态、较高的智商和情商。其他的特质都是围绕着这三个去展开的。业务领导者一定要明白一个道理：招聘来的员工是来干活的，如果员工会干活，还能开开心心地干活，就是最好的。不能罗列一些苛刻的要求给 HR，致使他们招聘时无处下手，比如有的业务部门提的要求中有：身高、三围、体重、声音等，对一个软件开发工程师的岗位做这些要求做什么？

二、人岗匹配的三个层次

深刻了解工作的本质、良好的心态、较高的智商和情商这三点貌似简单，实际上要想在工作中应用自如，对面试官的功力要求还是很高的。在这里再给业务领导者分享一个更加直观的招聘面试的方法——人岗匹配的三个层次。

- 人与岗位本身的匹配。
- 人与部门经理的匹配。
- 人与公司的匹配。

（一）人与岗位本身的匹配

人与岗位匹配基本可以用三个词概括：知识、经验和技能。面试的时候，如果候选人学过、干过、出活，能力上就可以胜任拟招聘岗位的工作了。知识、经验和技能匹配岗位工作要求即可。

例如在面试中，面试官通常会问几个问题。

- "你学的是什么专业？"这是衡量知识水平。
- "这个工作你会做吗？"这是衡量技能水平。
- "这个工作你做了几年了？"这是衡量经验水平。

一般企业面试的时候，发现具备知识、经验和技能的候选人就可以聊薪酬待遇和入职的事项了。那么怎样保证候选人能够在企业内长久留下来呢？一般笔者在课堂上问这个问题的时候，学员们都会说：不一定。可是问大家为什么不一定的时候，大多数人会很困惑地摇头。有过一个比较真实的统计数据，企业的员工离职有 50% 以上发生在试用期。导致员工离职的原因除了人岗不匹配，还有下面要说的另外两个层面。

（二）人与部门经理的匹配

业务领导者在招人之前要先对自己的人际风格有个基本认知。员工离职很大的比例是因为经理的原因，所以候选人和经理的风格匹配很重要。毕竟若在候选人的整体素质不是很高的情况下，让业务领导者去包容一个性格完全不同，甚至意见总是相左的下属是非常困难的。最好的方式是给业务领导者匹配同类型的下属，因为实践经验告诉我们，什么样的领导带什么样的兵，同类型的人，在工作中更容易合作融洽。

举个例子，比如把人分为老虎、孔雀、猫头鹰、考拉和变色龙五个类型。

假设部门经理是猫头鹰型的，而他的下属是孔雀型的，那就该有问题了。一般，猫头鹰型的领导要求都很严、很细，他审核下属的文件，能细致到错别字和标点符号。做任何事情，如果没有计划和方案，他一定会按兵不动的。

> 公司组织年会，项目由猫头鹰型经理的部门负责，猫头鹰型经理把这个工作安排给孔雀型下属。
>
> 孔雀型下属马上说："领导，我现在就有一个好主意，我给你汇报一下。"孔雀型下属说完之后，猫头鹰型经理说："可以，你写个方案吧。"
>
> 孔雀型下属就回去工作了，半个小时后他来敲门，说："领导，我又有了一个更好的主意，我给你汇报一下。"这时候猫头鹰型经理就会在心里嘀咕：第一个方案还没形成呢！但为了不打击下属的积极性，他会说："你说说吧。"孔雀型下属说完之后，猫头鹰型经理说："你先写个方案，完了之后咱俩再碰一下。"孔雀型下属就走了。
>
> 中午吃饭，正排队，猫头鹰型经理就看到孔雀型下属过来了，孔雀型下属说："领导我又有了一个极佳的主意！"听到这句话，猫头鹰型经理估计就会崩溃了。

有很多员工在离职时都会说离职原因是跟自身发展有关，但实际有数据显示，50% 以上的员工离职是跟其直接主管相关。所以人和部门经理的匹配，一定要考虑到经理的风格。

（三）人与公司的匹配

一般情况下，知识、经验和技能具备的人可以胜任岗位工作，可以招聘进来，如果候选人风格跟部门经理匹配当然更好。但是从企业留人的实际情况来看，真正把人留下来靠的是候选人跟公司价值观的匹配。如果候选人价值观跟公司价值观不匹配，那么候选人很难长久留下来。有些企业价值观模糊，主要表现为桌面上一套，桌面下一套，在招聘的时候用的是桌面上的那一套，工作中用的是桌面下的那一套，这就人为地造成了招聘错误。

当企业公布新的制度时，有的员工会抱怨、不愿意执行，这就是价值观不一致的表现。如果员工价值观跟企业一致，遇事的时候，即使联系不上自己的主管，他也敢拍板，因为他认为如果自己的领导在，他也会这样去做的；如果员工价值观和公司价值观不一致，遇事的时候，如果联系不上领导，员工就会选择等待，因为这样风险最低，但无形中会错失了最佳的时机。

有些时候，一个部门调来一位新的领导，员工即使不被上级待见，也会选择忍耐，因为他感觉自己是公司的一分子，没准儿熬一阵子，就又换一位好领导了呢？

所以在招聘时，一定要考察候选人的价值观是否和企业的价值观吻合。例如阿里巴巴专门设置了"闻味官"，一般是在企业工作了 5 年多的老员工。在面试的最后环节，面试官会找"闻味官"跟候选人聊聊天，比如，平常看什么书？家乡是哪儿的？工作之余喜欢做什么？通过问这些家常的问题，来最终判断该候选人的价值观跟企业是不是一致。

所以从这个角度上看，人与岗位的匹配、人与部门经理的匹配、人与公司的匹配，对企业选拔人才都非常重要。在面试的过程中，一定要分别从这三个层级考察候选人，否则招来的人很有可能是不符合期望的。

三、如何组建部门

业务领导者在组建部门的时候应该考虑以下两个问题。

- 部门人员编制是多少？
- 人员编制的依据是什么？

每年年底、年初，人力资源部门会组织做人力资源规划，涉及人员数量的规划、结构的规划、培养计划和费用预算等。不管你是高管还是公司中层经理，都要有会算账的意识，你管理一个公司就把公司当作自家的公司来经营，你管理一个部门也要把部门当作自己家的公司来经营。如果人人都有老板意识，都学会了算账，那么就不会出现人人都觉得自己部门编制不够的情况了。

笔者在课堂上会问学员，人员定编的依据是什么？大多数人的回答都是，老板定的或者上级领导定的。而他们作为中层经理基本上没有参与其中，甚至有些高管也弄不清楚到底该怎么确定人员编制，私下里会说就是单纯根据以往的数据拍脑袋确定……

实际上，人员编制是有流程和依据的，见图 2-1 定编流程。公司定编预算的源头是公司长期战略，同时要结合年度计划目标来设计。只看年度目标是不够的，还要考虑企业战略的长期性，例如有的公司采用的是扩张性战略，定编要有适当的冗员；有的公司较稳定或处于下滑期，定编就尽量避免冗员。

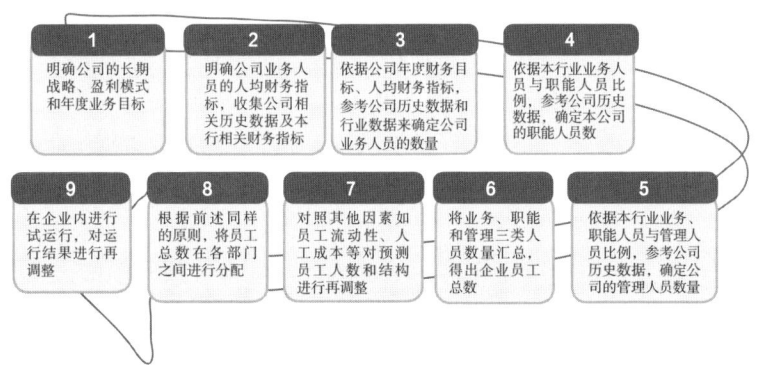

图 2-1　定编流程

（一）人员定编流程

1. 明确公司的长期战略、盈利模式和年度业务目标

首先要明确公司的战略是什么，公司是怎么挣钱的，年度业务目标有哪些。

2. 确定公司业务人员的人均财务指标，收集公司相关历史数据及本行业相关财务指标

这一步是要看一下公司销售人员的人均财务指标是多少，可以是工作量指标，也可以是价值量指标。工作量指标可以是销售收入，也可以是产量；价值量指标可以是毛利润或者净利润。收集这些指标，要看过去两三年的情况，本

公司业务人员的平均水平是多少，同时还要看一下同行业的水准。如果同行业水准都比本公司低，那么就以本公司为主；如果同行业水准都比本公司高很多，则需要制订一个提升能力的计划，逐步追上同行业水平。

如果是传统企业，建议依据净利润；如果是互联网企业，建议依据人均销售收入。

3. 依据公司的年度财务目标、人均财务指标，参考公司历史数据和行业数据来确定公司业务人员数量

这一步是计算业务人员编制数量。第一步已经明确了公司业务目标，业务目标可以是价值量（如利润），也可以是工作量（如销售收入和产量），第二步明确了业务人员的人均财务指标，将两者相除就能得到公司的业务人员数量，当然也要参考历史数据和行业数据。

如果公司效率高，就以公司的数据为主；如果公司效率不高，建议结合行业数据做适当的调整。

4. 将业务人员数量确定之后，依据本行业业务人员与职能人员比例，参考公司历史数据，确定本公司的职能人员数

简单地说，就是企业由第三步计算出来业务人员的编制数量，为了保证业务人员的工作能有效开展，要进一步确定有多少职能人员给这些业务人员做支持服务工作。

这一步使用的是比例关系，即本行业、本公司过往的业务人员和职能人员的配比关系，这要看公司的历史数据，还要看行业数据，以此来确定一个合理的比例，将职能人员数量确定下来。

5. 依据本行业业务、职能人员与管理人员比例，参考公司历史数据，确定公司的管理人数

业务人员和职能人员数量确定之后，如何有效地让这些人员开展工作，管理顺畅，需要设置数量合理的管理人员。这需要参照公司以往管理人员的管理幅度，同时要参考行业数据，按照比例设置即可。

6. 将业务、职能和管理三类人员数量汇总，得出企业员工总数

到这一步为止，合理的公司总员工数量就确定出来了。

7. 对照其他流动因素，如员工的流动性、人工成本等，对预测员工人数和结构进行再调整

业务、职能和管理人员数量确定之后，预测一下企业年均流失率是多少，退休了多少人，晋升了多少人，还有人工成本的硬性约束是什么。同时，要对企业当前的发展战略做一个判断，是扩张战略、稳定战略还是收缩战略，在这一步对人员总量做一个适当的冗员或者紧缩，既保证合规性，又保证公司的战略目标能达成。

8. 根据前述同样的原则，将员工总数在各部门之间进行分配

前面谈到了业务人员和职能人员配置的原则和方法。同样，在一个部门内部也有主要岗位和辅助岗位。按照前述原则配置好主要岗位和辅助岗位人员数即可。

9. 在企业内进行试运行，对运行结果进行调整

做好以上八步后，就可以在企业内进行试运行，并在运行时做相应调整。

定编的这九步流程，旨在说明公司要干这些活，应该需要多少业务人员，要参考人均财务指标和公司年度计划目标，两者相除就出来了；然后公司需要多少职能人员，就是要把这些业务人员服务好，公司应该有多少职能人员；依据管理幅度，业务人员和职能人员有效开展工作各需要多少管理人员。同时要参照一些行业的波动，或者本公司的实际情况做一个预测。总而言之，就是说公司今年有这么多的计划目标，要达成目标应该设置几个部门，这些部门应该设置多少个岗位，每一个岗位应该配置多少人员，这就是定岗定编的流程。

部门内部的定编是业务领导者的本职工作，业务领导者在制定目标之后，就要做达成目标的资源配置工作，人员编制是其中的重中之重。

四、如何招聘人

公司和部门的定编工作结束后，剩下的就是组织招聘工作了，这里主要给大家讲讲外部招聘的问题，因为关于内部招聘，各个企业都有自己的管理流程，业务领导者依据流程操作就好了。关于内部招聘，业务领导者最需要做的就是下属员工的辅导和激励工作，然后做好内部推荐即可。

（一）招聘什么样的人员

前面讲过人岗匹配有三个层次：人与岗位的匹配、人与部门的匹配、人与公司的匹配，招聘到的候选人至少要符合这三个要求。另外还需要候选人能干活、心态好，情商和智商较高。但是这些要求最终还是要落实到招聘岗位的岗位说明书上，所以，作为招聘依据的岗位说明书，务必要设置得很靠谱才行。

笔者在线下课程中，一般会安排学员撰写自己所要招聘岗位的岗位说明书，从结果来看，工作职责大家基本都能写出来，但任职要求部分写得很不规范，内容五花八门。如果拿着这样的岗位说明书去招聘员工，相当于大浪淘沙，招不招得到全靠缘分。所以在招聘面试前，业务领导者一定要更新拟聘的岗位说明书。岗位说明书最理想的版式是先将工作职责部分盖住，只留下任职要求部分，依照任职要求罗列的条件招聘能够胜任工作职责的人。

大多数业务领导者把招聘岗位的岗位说明书的任职要求部分拟定之后，基本上不会再去优化，或者迫于 HR 的压力随便搞了一版岗位说明书应付差事，真正招聘的时候再看缘分，这些做法都会增加企业的招聘成本。笔者在这里着重说一下任职要求的设计，请业务领导者们务必重视。

按照笔者实际的工作经验，可以把任职要求分为 4 个维度：基本条件、工作经验、知识技能和素质能力，里面总共有 17 个要素。

接下来，笔者详细介绍一下任职条件的 4 个维度及 17 个要素，如图 2-2 所示。

能力类别	编号	名称
基本条件	1	年龄
	2	性别
	3	专业、学历
	4	籍贯、民族
	5	气质、容貌
	6	职称、培训经历
工作经验	7	行业经验
	8	公司规模
	9	职务经验、责任水平
	10	管理、项目经验
	11	业绩要求
知识技能	12	知识要求
	13	工具要求
素质能力	14	智力水平
	15	人格
	16	动机
	17	胜任能力

图 2-2　任职要求的 17 个要素

1. 基本条件维度

（1）年龄

一般上课的时候，笔者会问："同学们，你们觉得招聘的时候候选人的年龄重要吗？"大家都会说："重要！"再问："为什么重要啊？"大家就没有答案了。

现在普遍流行一种说法：35 岁职业危机。还有一家知名公司有 45 岁退休的政策，造成年龄特别重要的假象。

那年龄究竟重要吗？笔者认为要看岗位。

举个简单例子，例如，公司的出纳岗位，大多数企业都喜欢招 23~26 岁的新人，刚毕业 1~3 年，经验技能虽都欠缺一些，但薪资低，人也听话。一般情况下，一家拥有 300~500 人的企业，如果不是生产型企业的话，财务管理部的编制 3 个人即可：一个会计、一个出纳加一个经理或者总监就够了。如果是生产型企业，要再加个成本会计。一般这样规模的企业，财务经理或者财务总监极难有晋升的空间，在岗人员也很稳定。那么企业招聘一个 23~26 岁的候选人，做出纳 3 年左右，他的经理或者总监没有晋升，他也升不了职，结果该出纳因为职业发展原因跳槽了。而一般企业的出纳和会计岗位基本还是希望人员稳定的，由于我们对岗位的任职要求设置得不严谨，造成了不必要的人员流动。

转换一下思路，企业不招 23~26 岁的出纳岗位候选人，而是招 40 多岁已婚、已育有两个孩子的人员。这样的人去做出纳或者会计，待遇不一定很高。她们一般情况下都是大学毕业后工作几年，然后结婚，30 岁左右怀孕生子，等孩子上小学二三年级的时候，才选择继续工作。这些人是为了家庭和孩子中断了职业生涯，实际工作经验不一定比财务经理少。如果她们没回家生子，可能现在已经是财务经理或者财务总监了。大家想，如果你的下属是这么一位 40 岁左右的人，而你 30 多岁，在实际的工作中，她可以给你查漏补缺，心思比你缜密。只是她对工作条件有一些要求，她也许会提出，如果可能的话，在特殊情况下能晚来一会儿，或者早走一会儿，还有就是离家近，最好步行 10 分钟就能到公司。只求方便照顾孩子，照顾家庭。一个要求少，又细心又认真工作的下属，如果你是财务经理，她跟着你干了 3 年，如果有条件的话，你是不是会想着给她晋升为副经理或者财务主管？职位提升，报酬也会相应增长。如果你跟这类人谈升职的事，他们一般会说："领导，别给我升职了，涨工资就行。"因为国内职场规则基本是只要职位升迁，在岗人员的生活就是上班、加班、开会和出差，而这不是她们想要的生活。

因此可以看出，对于一个 300~500 人的公司来讲，出纳或者会计岗位的年龄并不重要，主要看岗位的要求。一般情况下，一些企业，尤其是生产型的企业、综合性的企业，有 50% 以上的岗位是"螺丝钉"岗位，这样的岗位就需要人在这"钉"住，不需要去做太多的职业生涯规划。

所以年龄对于候选人的影响是要看岗位要求的。

（2）性别

性别重要吗？在课堂上笔者如果提出这个问题，学员就会说："重要！"再问："为什么重要？"就没有答案了。

实际上，当前的管理层职场上只有两种人：男人和"女汉子"，这两种人在工作上没有太大的差异。温柔婉约的女性在管理层是不常见的，也是很难生存下去的。

当下国家提倡生三胎，但凡企业要招女性经理的话，那就意味着你要允许她生两胎或者更多。而生育就是当下管理层由于性别带来的最大差异。

如果企业只招男性也是不行的，例如研发类部门，工程师基本都是男性，如果给这样的部门配备几名高颜值女性，那么部门的工作热情和工作效能都会提升。

真正考虑性别对于候选人的影响，要看岗位的情况。

（3）专业和学历

一般情况下，毕业 3 年以内的候选人，学历越高越要看专业方向，尤其是博士毕业的候选人，要多看其研究成果和论文质量。但如果工作 5 年以上的话，那就主要看工作经验和技能了。

（4）籍贯和民族

关于这项主要看企业的实际情况，如果企业有食堂，少数民族员工可能用餐不是很方便。当然在一些特殊情况下，有些领导、老板也会用一些特殊类型或者地区的人。

（5）气质和容貌

这项重要与否，还是要看岗位，如果岗位是面向外部客户的，那么气质、容貌尽量要好一点。如果是面向内部的话，那就没有那么重要了。据有关统计，长相好看的员工的年薪是长相一般的员工的 1.3 倍左右。那就意味着，同样水平的一个人，容貌姣好的比普通的能多拿 30% 的薪酬。所以作为部门经理，在招人的时候，一定要注意该岗位是面向外部客户的还是面向内部客户的，这样能给公司持续节省成本。

（6）职称和培训经历

有些岗位是需要特殊训练的（比如像焊工），还有一些是需使用特殊工具的，这些都要拿到上岗证才能上岗，包括财务人员要有财务上岗证。

以上内容是基本条件维度的 6 个要素。日常工作中，企业各部门，甚至人力资源部门都不太会特别注意这些"小"的方面，认为只要把岗位的主要职责书写清楚就可以了，任职条件差不多就行。而招聘工作从招聘需求开始，到候选人简历的筛选，再到面试问题的设计，都跟岗位说明书的任职条件息息相关。如果在设计岗位说明书的时候没有一步到位，就会给后续的管理工作带来大量的困扰，直接或间接地影响招聘工作，甚至给人力资源管理工作带来较高的成本。

所以要想把招聘工作做好，岗位说明书的任职条件部分要详细、用心地去写。如果业务领导者确实不知道怎么界定这些条件，那就先把本部门绩效好的员工的特质梳理一遍，基本上也就清楚了。

基本条件属于第一个维度，是筛选简历的依据。

2. 工作经验维度

基本条件维度是简历筛选的重点，工作经验维度需要在面试中去挖掘。

（1）行业经验

行业经验是候选人在行业内的历练、对行业的熟悉程度。行业经验代表着候选人对行业规则的熟悉程度、行业资源的积累程度。刚进入一个行业，需要学习的东西会有很多，如果拟招聘的岗位是一个高端岗位，或者是一个技术、销售、管理岗位，职位越高对行业经验要求也越高，否则不太容易驾驭岗位工作。

（2）公司规模

公司规模大小意味着管理规范程度，当然并不绝对。如果候选人所服务的公司规模小，候选人的职业素养或者整个管理规范化程度可能会相对较低；如果公司规模比较大，情况可能会好一点。例如，从规模大的企业出来的员工往往会给新公司（规模小）带来新的思路和方法。

（3）职务经验和责任水平

职务经验是指候选人做过什么层级的职位，是总经理、副总经理、总监、经理、主管，还是一般员工？不同的职务水平意味着要承担不同的职责。我们在设计招聘条件的时候，总会有一条：同岗位工作经验几年。同岗工作经验差不多等同于职务经验，体现的是候选人在这个岗位的工作历练程度，对于管理岗位还是很有必要的。当然，岗位等级的不同，也体现出候选人承担的责任的差异。

（4）管理和项目经验

对管理项目的工作经验的评判，如果跟公司规模挂钩，大公司的小项目经理不一定比小公司的大项目经理管的项目规模或者金额小，所以这里要配合着去看。

另外，世事无绝对，规范化的大公司，有时候需要招聘小公司出来的"野路子"候选人充当"鲶鱼"，或者小公司往大公司发展的道路上，需要猎取规范化的大公司出来的职业经理人来做操盘手。

（5）业绩要求

在面试的时候，面试官一般都会问：你在前单位的业绩怎么样？候选人一般都会说：挺好的。那需要记下来好到什么程度、做了多少业绩，这个可以作为背景调查资料使用。

行业经验、公司规模、职务经验和责任水平、管理和项目经验、业绩要求，这五个部分实际上是面试中最核心的内容。招聘面试的时候需要深入挖掘，避免出现被"打眼"的情况。

3. 知识技能的维度

（1）知识要求

包括在工作中需要用到的知识和需要了解的知识。

（2）工具要求

通用的要求是基本的办公软件要会用，财务软件如用友、金蝶，要熟练使用。软件工程师的语言有 PHP、NET、C++、Java、强电弱电等。可以查看应聘人员的相关资质证书，或通过上机操作来测评。

4. 素质能力的维度

（1）智力水平

一般不建议用测评工具评测，而是用教育水平来把控。具有大学本科学历的候选人，可以满足大多数企业岗位的要求，当然是统招的。如果企业要求比较严格，可以定位学历要求为一本，要求更高那就定位在211、985院校的大学毕业生。硕士和博士一般不作为考核智商的标准，因为有些人就是考研"专业户"。

（2）人格

人格很难直接在面试中准确判断，可以借助测评工具。人格测评工具有九型人格、PDP、DISC、四色、16PDF、大五等。不同人格的候选人，有不同的工作和行为模式，不同人格的候选人做事动机是不太一样的，具体测评要看公司对岗位和候选人的要求和财务能力，毕竟很多测评都是要花钱的。

（3）动机

笔者上课的时候会问学员："上班的动机是什么？"大多数人的回答都是赚钱。笔者会接着问："赚钱的目的是什么？"有的学员会说希望改善生活。笔者又会问："改善生活的目的是什么？"答案最终会落在自我实现上。

所以动机和个人需求是紧密相关的。

（4）胜任能力

胜任能力指的是具体岗位的胜任要求。

上述 17 个要素，在设计岗位说明书时，一定要挨个仔细核对确认，如果能量化描述就更好了，只有这样才能保证招来合适的候选人。如果缺失这个环节，不仅会降低招聘的准确率，还会增加招聘成本，降低招聘效率。

另外还要注意，当老员工的技能和岗位任职要求不匹配时，需要培训；岗位说明书的职务水平与经验水平要和薪酬水平直接相关；绩效考核考的是任职资格对应的目标；岗位说明书是培训、薪酬和绩效考核的依据，所以特别重要。

业务领导者务必要把下属各岗位的任职条件梳理清楚，并且每年根据公司的规划和部门目标再做优化。

（二）招聘的法则

1. 黄金法则

招聘的黄金法则，是用应聘人以往的业绩，来预测对方在未来的岗位上是否也能取得优秀的业绩。这是行为面试的底层逻辑。日常在做招聘面试的时候，面试官经常会问候选人，这份工作你做过没有，或者问这个技术你学过没有。如果候选人说学过、做过，那面试官要继续追问，能不能举个例子来说明一下。黄金法则隐藏的意思就是说，如果这个人过去做过这项工作，并且做对了，那他可能在你们公司能做，也能做对。如果过去他没做过，他说他能做对，你信吗？

黄金法则是行为面试最核心的技巧，即用应聘人员以往的业绩，来验证他将来能否取得优秀的业绩。业务领导者要知其然，还要知其所以然。

2. 白金法则

白金法则是寻找未经打磨的金刚石。

松下电器的创始人松下幸之助是日本的"三圣"之一，被日本称为"经营之神"。他在用人方面有独到的理解。我们可以把他的思想总结为："糊涂用人"

智慧——70% 原则。这种管理思想是中国"中庸"思想的发展。通过 70% 原则，在 70% 的层面上获得均衡和发展，派生设计出独特的人力资源管理产品，可以有效地处理和解决用人中的矛盾。"水至清则无鱼"，也许 70% 原则能更有效地解决企业用人中的矛盾。

松下对 70 分左右的中上等人才较为偏好，这与松下公司的发展有关。松下电器创业之初，公司的名气还不大，只能吸收三井、住友、三菱等大企业不需要的职员。松下认为，他的事业迅速成长，是这些被视为次级人才的员工一手建造出来的成果。

总结一下，如果你对岗位要求很高又很紧急，需要候选人到岗后就能立刻独立承担工作，建议按照黄金法则招聘，如果不是，则采用白金法则。一般百分百满足岗位要求的候选人的成本会比较高。例如招聘一位总监，招到的人是有过很多年总监经验的人，能力强，能很快适应工作，但这样的人往往需要好好激励，否则待一段时间就会离职了。但如果按照白金法则招未经打磨的"金刚石"，招了一名在上家单位任职经理的人，能力也不错，只是在原单位没有晋升机会，到了新公司给了他总监的职位，薪水提高了，发展空间也扩大了，这类候选人哪怕一两年不涨工资也不会走，他会非常珍惜这次机会。

招聘的白金法则和黄金法则的逻辑都是行为描述面试，说和做是两码事，所以很多企业会做候选人的背景调查。员工在上家单位能做好，在新的单位一般也能做好；同样，员工在上家单位没做好，在新的单位也可能做不好。行为描述面试，要注意了解应聘者过去的实际表现，而不是对未来表现的承诺。

（三）业务领导者和 HR 在招聘工作中的分工

在实际招聘中，业务部门和人力资源部门都会参与其中，所以要发挥好协同作用，不能为了招聘在内部形成深井。

1. 业务部门的职责

（1）向人力资源部门提出招聘的需要

包括招什么样的人、招多少人以及预计上岗时间。在年初、年底的人力资源规划中，会专门有人员编制部分。

（2）列出岗位职责、任职要求，编写岗位说明书

招聘前一定要先优化岗位说明书。

（3）面试候选人，进行必要的专业技能测试

在面试的过程中，判断候选人是否符合岗位的要求。

（4）参与录用决策

经过几轮面试后，要确认候选人中哪些属于合适的、最佳的、可以备用的或不合适的。

（5）参与向候选人传递信息

当下信息发达，很有可能在面试结束后，面试官会给候选人留下联系方式，当候选人询问面试结果时，无论成与不成，一定要告诉候选人：面试结果已经反馈给人力资源部门了，后续会有人向你通知结果。而不能直接告诉候选人可以入职了，毕竟一个企业需要考虑的事情有很多。

2. 人力资源部门的职责

（1）设计招聘过程

确定招聘的形式，项目制、校园招聘还是其他的形式都可以，具体根据企业招聘的数量和人员情况制定。

（2）组织实施招聘

包括笔试、初试、复试、入职体验、背景调查等。

（3）资格检验及进行素质能力测评

审核候选人的基本条件、知识经验、综合素质水平，将资质、学历、证书的复印件附在简历后面，在面试中可以不必再问关于学历和资质的问题了。

（4）参与录用决策

将面试官聚在一起后，了解对候选人的评价，最终确定最优、合适、备选和不合适的名单。

（5）向候选人传递信息

统一由人力资源部传递会提升企业的规范性形象。

（6）确定入职事项及发放录用决定书

（7）评定招聘过程

在招聘项目结束后或年底做统一复盘，例如招了多少人。

（8）了解自招与用猎头的成本差距

通过比较初试、复试的比例，未通过背景调查的人数，使用的招聘渠道，了解自招与用猎头招聘的成本相差多少。

常用的人才测评的方法有：无领导小组讨论、笔试、结构化面试、公文筐测验、背景调查、情景模拟、角色扮演和测评技术几大类。这一部分内容在笔者的《招聘的 8 节实战课》中做了详细讲解，这里不再详述了。下面说一下面试的流程。

（四）面试的流程

职业的面试流程如图 2-3 所示。

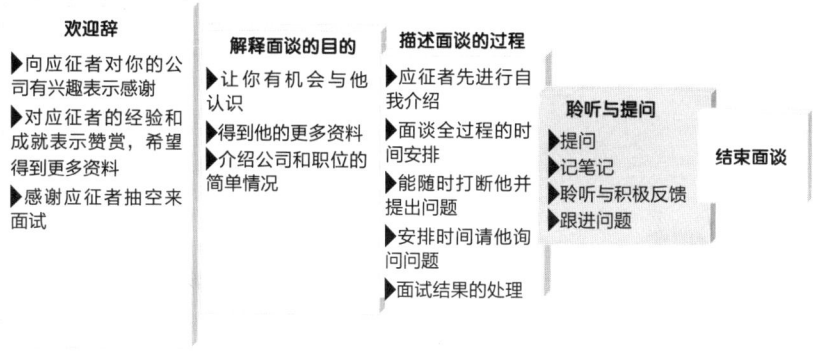

图 2-3　面试的流程

职业的面试流程一般包括以下 5 个方面。

- 欢迎辞。
- 解释面试的目的。
- 描述面谈的过程。
- 聆听与提问。
- 结束面谈。

这 5 个步骤实际上可以划分为 4 个阶段：启动阶段、深入阶段、验证阶段和结束阶段。

1. 启动阶段

启动阶段要建立融洽关系，包括欢迎、自我介绍、寒暄、介绍面试流程和请候选人自我介绍。在前期，人力资源部门已经做过电话邀约或者沟通了，也有可能是面试官自己做的。候选人到了之后，面试官首先表示欢迎，比如，"王先生，欢迎来我们企业面试，我是×××"，然后寒暄一下。若在北京，夏天的话就问外边热不热，冬天就问冷不冷。也可以问是怎么来公司的，如果是开车来的，就问路上堵不堵，如果是坐车来的，就问挤不挤。或者"这次请您来公司，主要是看您简历上写的资历与我们公司的岗位特别匹配，电话沟通得也挺好，所以看看能不能深度合作"。寒暄的目的是让候选人放松下来，有兴趣且保持平常心地跟面试官聊聊过往的经历。

启动阶段就是要建立良好的关系，轻松聊一聊，最怕那种新任的经理，觉得自己是用人单位，就很有心理优势，对候选人质问、质疑、采用压力面试，这样做的效果其实很差，容易把人吓跑了。现在的雇佣市场上有能力的候选人是有优势的，是卖方市场，而不是买方市场。

接着向候选人介绍一下流程，本公司的面试大约有几轮，今天是第几轮，今天面试的程序是什么，然后再请候选人用 3 分钟大概介绍一下个人情况。

如果面试量比较大的话，要准备一些小瓶的矿泉水，没有的话，前台需准备些水杯，这样可以提升候选人对公司的好感度。

2. 深入阶段

这个阶段主要是对候选人做全方位的了解，找到关键事件，深入了解候选人的信息。根据候选人的简历，候选人工作过的每个单位都要问一问，特别是跟当下工作岗位相关的那些工作经历要详细聊聊，找到关键事件。关键事件就是跟岗位主要职责匹配的那些经验或者能力。可以一个单位接着一个单位地问。

实际上,在招聘的过程中,如果面试官能沉下心来,会发现面试是最有效的,也是最佳的，这是了解一个行业或者了解这个行业内的公司，甚至你所服务的这家企业的机会。各位想象一下：把候选人服务过的企业的情况，在面试的时候详细问一下，例如企业行业排名，公司占地多大、多少人、多少业绩、多少个部门，候选人服务的部门怎么样，怎么配置，每个岗位什么职责，业绩怎么样。这样就可以很好地了解行业内的企业。即使面试官觉得候选人不适合，也要跟他聊聊，问他原单位部门有几个人，领导的能力怎么样，能不能提供他的联系方式，这样也获得了一个比较宝贵的信息。面试官得到这个信息之后，可以约候选人的前领导喝茶，同其聊久了之后，如果企业出现岗位空缺，可能很快就能够就把他挖过来。毕竟国内职场还是一个熟人的职场，是一个熟人社会。

3. 验证阶段

验证阶段的主要工作是针对深入阶段发现的关键事件再进一步挖掘。比如说，这个人是做销售的，其中电话销售能力或者是陌生客户拜访能力非常强，面试官可以问其，销售能力具体是强在哪里，有哪些方面与众不同，如果来我们公司，就目前的情况怎么开展业务。层层挖掘，同时做好关键能力的评估。

在面试的过程中可以通过 STAR 原则不断验证候选人的过往经历，如图 2-4 所示。

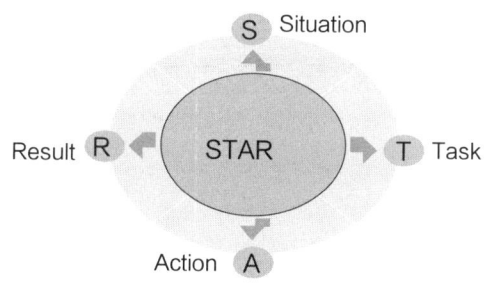

图 2-4　STAR 原则

· S（Situation）——在什么环境条件下接受的任务。

· T（Task）——具体的任务是什么。

· A（Action）——为了完成任务都采取了哪些具体的行动，遇到哪些困难，如何克服的。

·R（Result）——产生了什么结果，获得了哪些评价。

4. 结束阶段

到这一阶段，聊得就差不多了，面试官应该说："您看还有没有什么问题要问我？"候选人一般会问收入多少，来了公司之后，具体的工作内容有哪些，汇报关系等。

面试官在面试结束前要给候选人一个提问的机会，不能出现面试官问了十几个问题，之后就说："行了，就这样，您回去吧。"这样显得面试官职业素养不高。如果候选人比较优秀，是你特别想要的人，那你就多向候选人介绍一下公司的情况和岗位情况。这样做的好处其实是在销售公司的岗位。做岗位招聘实际上是做岗位的销售，多介绍一下，如果能给候选人一张名片或者做公司的介绍、产品的介绍，这样更好。这个销售动作一定要做，有时候能够带来意想不到的结果。

最后检查面试问题记录。检查一下候选人的简历，看看还有哪些地方没有问到，包括岗位职责、任职要求、经验等，还有哪些地方不清楚再查漏补缺。因为同一个候选人，被同一个面试官面试的机会，在同一家企业只有一次，不可能有两次，所以要弄清楚有无遗漏。如果没有问题，就做面试评估，根据评价标准给候选人打分。

如果候选人具备加入公司的资格，要安排好后续入职和转正的工作。在这个阶段，要有专人负责，如果公司规模比较小，一般由前台或人力资源部的同事带领办理，如果公司规模比较大，由部门委派一人带领办理。在这个过程中，流程和文档一定要齐备，例如录用通知、员工手册、新人培训、导师指派等，要体现公司的规范性，要向候选人介绍入职流程，帮助其准备办公用品。

在试用期要对候选人进行评估，评估的要求和内容候选人本人应是知情并能接受的。如果试用期为 3~6 个月，那么每个月都要有工作计划和目标，每个月都要评估和反馈，让候选人做到心里有数。

一旦在试用期期间发现候选人不适合，一定要及时通知解除劳动关系，不能等到试用期结束前一天才和候选人沟通。调岗也是不建议的，万一调岗后还是不合适，会涉及经济补偿。

如果和候选人谈解除劳动关系，要有理由和书面资料。这也是前面为什么强调每个月要有清晰的目标计划和评估标准。面谈要有统一的规范，包括面谈的话术、面谈的时间、可能会出现的问题以及应对措施，避免出现意外情况。不仅如此，更重要的一点是要有人情味，候选人因为工作能力与本岗位不匹配，主管领导可以为其推荐工作，成与不成还在候选人自己。

（五）内部招聘

企业岗位空缺，不仅可以从外部招聘，也可以开展内部招聘，从企业内发掘胜任的候选人。如果企业每当有岗位空缺的时候，业务部门的经理第一认知就是从外部招聘以填补空缺，对于企业内部 70% 胜任的同事是有打击的，会让团队成员感觉"外来的和尚会念经"。有些单位甚至出现过内部员工为了升职加薪先跳槽到其他的公司，再通过猎头应聘原公司心心念念的岗位……

所以，企业内部的招聘工作是一些大型企业最有效的管理岗位的招聘手段。试想一下：公司总监一职空缺，内部提拔一名经理来填补空缺，那就需要同时提拔一名主管做经理，还需要提拔一名专员做主管，那么企业只要招聘一名大学生来做助理即可。这样操作的好处是，新到岗的人员不需要做文化梳理和培训，另外企业还节约了招聘成本，同时激励了在岗的所有同事，因为大家可以看得到希望。具体的内部招聘工作，企业都有各自的流程，这里不做讲述了。大家可以去读一下《招聘的 8 节实战课》了解。

职场感悟：如果你是老板，你是用人品好能力不强的人，还是用能力强人品不好的人

一、企业招聘的入门条款是人品

如果人品不好的人进入企业，可以说是后患无穷。很多中小型企业就是在关键岗位上使用了人品不过关的人，比如销售总监、研发总监、财务总监、人力资源总监等岗位，公司在很短的时间内就迅速衰退，甚至消亡了。

有个民营科技企业，因为招聘的人力资源总监人品不好，此人进入公司后，组建人力资源部门，关键的岗位都被他安排了"自己人"。招聘经理和人力资源总监一起组建了猎头公司做公司招聘生意，培训经理和人力资源总监一起把培训支出价格抬高，从中收取贿赂。等到老板发现的时候，公司的这块业务已经完全丧失了，用了 1 年多的时间才调整到位。实际上，这就影响了公司 1 年的发展。

二、没有绝对的能力不行人品好的人

大学生刚毕业进入职场的时候，绝大多数人是不胜任工作的，比如国家电网的生产部门的员工一般培养周期是 3 年左右，因为很多的操作规程、安全措施、工作技能，没有 3 年的时间是不可能完全上手的。其他企业也有类似的情况，新人上岗之后，一般都会经过两三年的培养周期，即使是有经验的社招人员，也需要 1 年左右的时间来适应公司的工作流程和企业文化，要不然，是很难施展开身手的。

所以，在招聘的时候一定要设置问题，来验证候选人的人品、价值观是否适合企业。如果是经验丰富的老员工，也要通过背景调查的方式了解清楚候选人的为人处世方式是否合适。

三、能力强人品不好的人要用制度约束，让制度管人

如果企业吸引力有限，实力有限，只能使用能够招聘到的人，或者人品不好的人已经入职，没有合适的理由开除。那么就需要建立靠谱的制度约束机制，让人品不好的人有施展能力的空间，但是没有发挥人品的余地。

四、如果一个人假积极一辈子，那就是真积极

任正非曾经说过一句话："如果一个人假积极一辈子，那就是真积极！"这句话的意思就是，这个人可能不是好人，但是如果在企业中，他表现出来的行为是一个好人，那么这个人就是一个好人。

也就是说，用制度约束员工的行为，让员工产生符合公司价值观的行为，那么所谓的人品不好，就失去了发挥作用的空间，也就达到了用人的目的。

当然，具备这样能力的公司不多，如果具备这样的能力，公司也不太可能让不合适的人进入，即使进入了，也不会长久任用。

所以，小企业用人尽量使用能力和人品好的人，如果人品不好，一定要多花精力管控好。

人品，意思是人的品性道德。概括为"责任、利他"，是指个体依据一定的社会道德准则和规范行动时，对社会、他人、周围事物所表现出来的稳定的心理特征或倾向。对人要慷慨大方，宽以待人；对工作要爱岗敬业，忠诚热爱。

能力，是完成一项目标或者任务所体现出来的综合素质。人们在完成活动中表现出来的能力有所不同。能力是直接影响活动效率，并使活动顺利完成的个性心理特征。

人的能力总是和实践联系在一起。离开了具体实践既不能表现出人的能力，也不能发展人的能力。

第 3 堂课　要求人——制定目标　委派授权

明确职责、有效招聘之后，就应该考虑如何安排工作的问题了，人员招聘到位之后是要干活的。在给下属做工作部署的时候，最难的事情不是怎么部署工作，而是工作目标的设定和分解，这是大多数中小型企业的软肋。由于企业管理不规范，目标绩效的设定会比较随意和凌乱，从而造成了业务领导者的无力感，想做事情，可是目标总是在变。本章会着重讲一讲从制定目标到绩效计划。

本章节学习内容。

· 思考和测评：你会带下属吗

· 高效委派的五个步骤

· 工作目标设定的实战方法

· 从目标到计划

一、思考和测评：你会带下属吗

（一）测评

讲到"要求人"的时候，笔者一般会做两件事情。

第一件事情是随机问课堂上的业务领导者：你平时是如何给下属委派工作的？大多数人会一时陷入迷茫，然后七嘴八舌地说出一些委派的方法，比如直接给下属下命令，让下属做月度工作计划，让下属自己去摸索，成立工作小组等。

第二件事情是给在场的业务领导者做一套工作能力委派测评，测评共 10 道题，总分 100 分，测评时间为 10 分钟左右。等到所有人都做完测试题目，大家再依照评分标准得出自己的测评分数。从最终结果来看，管理基础较好的企业的中高层以上管理者，分数平均在 70 分以上的占 2/3，70 分以下的占 1/3。而管理基础较弱的企业的中高层以上管理者，分数平均在 70 分以上的只占 1/3。这也就意味着无论是好的企业还是相对弱的企业都至少有 1/3 的中高层管理者的分数是不及格的。还有一点是，90 分以上的优秀学员一般一个班级不会超过 3 个。

如果让分数不及格的管理者来带下属，下属会很辛苦。很显然，这些管理者没有经过太多的管理技能和领导力的培训，他们原生态的管理方式不做改良，员工一定会感觉上班异常难熬。

从笔者 10 年的培训经历来看，目前国内大多数企业业务领导者的管理能力还是相对欠缺的。所以本章的内容对于当前国内的业务领导者们，即企业的中高层管理者们来说是非常适合的，也是平时课堂上最受欢迎的部分。

（二）向下属布置工作的三种常见的方法

通常来讲，给下属安排工作一般有以下三种常规的方法。

1. 下达命令和指示

直接给下属下达明确的指示。例如，上级对下级说："小李，帮我把这份文件复印 100 份，正反面印，印好后立刻拿过来给我。"

此方法适用于企业内常规性、事务性工作，在实际工作中使用的也比较多，但它不适合用于较为复杂的工作类型。如果对不同水平的下属都使用这种方法，会让高水平的下属有挫败感。

2. 设定目标、制订计划

主要针对项目性或阶段性工作，先设定目标，再制订计划。这是企业内常用的方法，适用于制订项目计划、年度计划、月度计划、周计划、日计划等。

这种方式是目前企业普遍使用的一种工作方式，不同企业的运用程度不太一样。

3. 制定工作规范

根据部门和岗位职责，撰写行为或者流程操作规范手册，类似于早期功能手机的说明书，把岗位上的所有工作拟定出详细的操作规范，员工只要对照着操作规范，可以一步一步完成操作。这种方式适用于规范性企业内常规性、重复性的工作。

笔者曾经在和富士康的一位做培训管理的高级经理交流时，他提到富士康公司内部产业工人的培养很简单，培训效率相比欧美发达国家有了很大的提升。欧美产业工人的培养周期是 3 年，日本的培养周期是 3 个月，而在富士康只需要 3 天的时间。为什么差距会如此之大呢？因为富士康蓝领工人的工作规范就只有固定的几个步骤，新员工入职后，经过培训上岗，会有老员工按照操作规范，现场示范给新员工如何操作，并做现场辅导。新员工学会后，到了生产线上就不会出错了。该经理说，富士康生产线的操作规范打印后可以跟他的身高差不多（他有 180 厘米）。如此详尽的工作规范跟功能手机的说明书类似。

工作规范的制定属于一劳永逸的工作，定期根据工作的计划和生产的类型做适应性调整即可，而不用做过多的大方向的调整。

二、高效委派的五个步骤

我们先来看一个企业案例。

> 案例名称：公司年会
>
> 案例主角：公司总经理李总，办公室王主任。
>
> 企业背景：企业规模300人左右，从事项目性业务，一般用2~3年时间挖掘及明确客户需求，再用2~3年完成设计、生产和施工，项目周期较长，针对企业端的大客户。
>
> 案例介绍：每年年底，李总都习惯出门拜访关键客户。又到了一年年底，公司业绩完成得不错，李总把王主任叫到办公室，说道："今年业绩不错，销售收入比去年增长了30%，我今天准备出去拜访大客户了，大概需要两周时间，你筹备个年会吧，总结一下今年的工作。"说完，李总就离开办公室出差了。
>
> 两周后，李总回来了，王主任兴致勃勃地来到李总的办公室，说道："李总，年会我准备得差不多了，预定了公司附近的五星级大酒店的宴会厅，能够承纳我们所有的员工。我还请了舞狮队、舞龙队准备开场活跃下气氛（南方的企业），也邀请了我们的关键客户，好的业绩离不开客户的支持，您看如何？"
>
> 李总听完就火了："王主任，我就想让你把中高层经理组织到一起讨论讨论，总结一下今年的工作情况，展望未来。你这又是请舞狮队，又是请关键客户，你想干什么呀？"

看完这个案例后，你们觉得案例中的问题出在哪里呢？

在课堂上，国企、民企和外企的员工给出的答案各不相同，有说王主任不对的，有说李总不对的，也有说他俩都不对的。下面笔者就给大家讲一讲委派工作的五个步骤。

（一）明确委派任务的目标与对象

如果没有做好这步，就很有可能出现将一项艰难的任务委派给职场新人的情况，他无论如何都是没法完成的。或者将一项极其简单的任务委派给职场高手，让下属有种被侮辱的感觉。那么怎样避免出现这样的情况呢？这一步也分为五个步骤。

1. 需要达成的目标是什么

首先业务领导者要明确自己委派给下属的任务的目标是什么。

一般上级领导在传达目标时，有两个关键项要把握好，一是运用 SMART 原则，二是将目标转化为工作计划。有些领导在向下属传达目标时故弄玄虚，只传达 30% 的内容，剩下的让下属猜，这是非常不成熟的表现。

在第 1 堂课中，笔者介绍盖洛普 Q12 测评法中的 Q1 时提到，下属需要明确地知道自己的工作目标是什么，如果连目标都不清楚，就更别谈工作要求了。

"沟通漏斗"显示：如果一个人心里想的是 100% 的东西，当你在众人面前、在开会的场合用语言表达心里的 100% 时，这就已经漏掉了 20%，你说出来的只有 80%。而当这 80% 进入别人的耳朵时，由于文化水平、知识背景的不同等关系，只传达了 60% 的内容。实际上，真正被别人理解、消化了的东西大概只有 40%。等到这些人遵照领悟的 40% 具体行动时，已经变成了 20%。如果两周后没有行动，估计剩不下 5% 了。所以在给下属部署任务的时候，一定要把目标明确地表达出来。

2. 谁能胜任这项工作

工作目标清楚了之后，业务领导者就可以把工作委派给可以完全胜任的员工，并想着把工作派给对方，这样操作对吗？

日常工作中，很多企业领导习惯将工作派给工作效率高的人员，因为他们出活快，也靠谱，领导甚至有时自己直接就把活干了。工作量小可以这样操作，如果工作量巨大还这样干，会造成工作的大量囤积，业务领导者貌似无可替代，实际上耽误了公司的业务发展。所以经理一定要学会科学地委派工作，要让员工都有活干，都得到锻炼和成长，同时还不耽误工作。

3. 谁能通过培训或辅导完成这项工作

根据人岗匹配三个层次选拔的人才,理论上说,都是具备岗位要求的,那么就需要让他们发挥价值。有些人出活快,可以放手让其独立完成工作;有些人出活慢,可以通过培训或辅导协助他完成工作,这样员工的提升也会更快。所以上级在安排工作的时候,一定要考虑一下出活慢的人可不可以,或者能不能指导他们完成工作。

4. 权衡之下,我应该将该项工作交给谁?为什么?

根据工作的内容和性质分配给适合的下属,不能一味追求快,就都派给职场老人。其实如果从培养人的角度来看,分配给职场新人更合适。

明确是让职场老人来做还是职场新人来做。如果选择职场老人来做,在分配工作之前要跟其交代:"老王,这活儿除了你没有人能做,要么就我来做。"肯定老王的身份、地位以及他的专业能力。如果选择职场新人来做,在分配工作前要跟其交代:"小李,这活儿只能你来做了,因为你王哥太忙了。这样,做的过程中我来带你,如果你有任何的问题随时找我或者找王哥都行。只要你把整个流程过一遍,今后再遇到同样的任务就能独立完成了。"

5. 如何跟进所交付的工作

领导将活儿派给下属后,要跟其约定反馈的时间,如果下属在规定时间点内没有反馈,领导要及时跟催。

这五步暗含着经理带团队的套路。

(二)诊断员工在目标任务上的发展阶段

员工按照工作的能力和工作的意愿,会有四种不同的状态,业务领导者在给员工委派工作时要基于对公司、部门和员工的了解,清晰地判断出员工的发展阶段。这属于员工辅导的内容,将在第 4 堂课中详细讲解。

(三)匹配合适的委派方式

针对员工的发展阶段,业务领导者在委派工作的时候,会有四种不同的委派方式，也称辅导方式，也属于员工辅导的内容，将在第 4 堂课中详细讲解。

（四）界定结果的委派沟通

明确了目标，清楚了员工的状态和委派的方式之后，就到了委派沟通环节了。一般情况下，标准的委派沟通有如下七个步骤。

1. 解释目的——说明任务背景、目的及重要性

无论是对职场老人还是职场新人，都要从培养员工或锻炼员工的角度出发，将沟通的目的和工作的重要性讲清楚。要让员工从内心里清晰地知道自己所接受的工作对于公司、部门和个人所在岗位的重要性。任何工作都有价值，不能因为价值不高就忽视员工的工作，也不能嘴里说该工作很重要，满脸都是谁都可以做的态度。那样不但会伤了员工的自尊心，还会耽误公司大目标的达成。

2. 提出要求——描述结果，强调重点

既然是委派工作，那就要把工作需要达成的结果跟下属说清楚，强调工作重点有哪些。这样可以让下属对工作的结果有个明确的认识，避免出现事情没做好，员工抱怨是领导没有交代清楚的情况发生。

结果的说明也要符合 SMART 原则，工作重点务必要多次强调，要让员工牢牢记住，最好能够在工作计划中表明。

3. 明确方法——说明重点与难点，积极听取员工的建议

这个步骤，业务领导者要询问员工对于所交代工作的工作思路和想法，了解员工是否有自己大致的工作思路。同时要聆听员工在工作开展过程中，将会遇到的困难和需要的资源支持，如果是客观的困难和需求，业务领导者要积极地提供帮助，不能基于个人的偏好来操作，那样会显得非常不职业，也会让有能力的员工寒心。

4. 设定权限和汇报方式

这个步骤非常有价值，是考验委派和授权的真实度的标尺。有些公司的业务领导者，往往会说："你去做吧，缺人给你人，缺钱给你钱。"而真正到了

员工开展工作的时候，情况却变成了处处掣肘，连报销餐费都要层层把关，所有承诺的事情都化为虚有，工作结果可想而知。

所以业务领导者要在委派工作之后，明确上下级之间的权限边界和汇报方式。即什么事情由下属来把关，什么事情需要请示上级，什么时候、什么事情、用什么方式来汇报，要确定好。避免遇到事情，无人担责，无人来解决问题。

5. 确定时限

任何工作都要有时间节点，要给下属确定好工作或者项目的进度，以及时间要求。不要出现工作已经到了时间节点，你询问下属的时候，他才说："领导，您也没说啥时候要啊。"

6. 确认理解——问还有没有其他问题

如果可能的话，请员工复述一遍问题，并询问员工有没有其他问题。如果员工手头工作非常多，或者资源短缺，他会在这个阶段真实表达自己的困惑和困难。

这一步貌似不重要，但是如果员工不能在这个时候明确表达出来，一定会影响后续的执行动作。

7. 表达支持

如果员工的要求和困惑是合理的，一定要给予积极的反馈和支持。在谈话的最后，业务领导者要明确表达对于员工工作的支持，这样有利于积极地沟通，也会让员工放心踏实地开展工作。

沟通的步骤可以标准化，但在具体谈的时候，也需要业务领导者掌握基本的面谈技巧，以下是笔者总结出的 11 个面谈步骤和技巧，详细内容可参照笔者的另一本书《绩效管理的 8 节实战课》。

（1）及时肯定员工是完成这项任务最合适的人选

既然已经决定把工作委派给下属，无论出于培养下属，还是出于解决问题的目的，都要明确员工就是完成这项任务的最佳人选。不能再有其他不必要的顾虑和言语表达，那样会让业务领导者和员工都有各种担心。

·职场老人承担：你是最佳人选，无可替代！

·职场新人承担：你是最佳人选，是最好的学习机会！

（2）经理要有热情，并鼓励员工积极思考

上下级聚在一起是干活的，不是为了浪费资源的。所以上级在安排工作的时候要鼓励员工积极思考，要有工作的热情，不能总是公事公办的样子，不要以为下属向自己汇报，就自视过高，更不能用人朝前，不用人朝后。

上下级之间融洽的工作关系，有的时候会像 NBA 球队的球员之间的关系一样，合作得好，可以产生"1+1>2"的效果。业务领导者要鼓励员工，积极启发下属，鼓励下属把工作当作热爱的事情去做，启发员工积极地思考和提高工作的主动性。

（3）注意倾听员工的想法

既然是交流，就要给员工发言的机会，最好是多互动，这样可以把下属的积极性激发出来。另外，业务领导者不要急于表达自己的想法，如果员工有说话的意愿，一定要让员工完整地表达出来，不要打断员工。有的时候，能力比较高的员工可以输出比较好的工作思路和方法，甚至可以完善上级的工作方案。

倾听这个技巧是大多数经理人都非常欠缺的能力，经理人都是因为工作干得好才晋升的，无形中就会习惯性地以"我"为主，尤其是在部门内安排工作的时候，总是"老子天下第一"的派头。这样的工作方式一定会压抑高水平员工的工作意愿。

（4）请员工做笔记

正常的工作沟通，尤其是委派工作的沟通，上级一定要做工作沟通记录，下级更需要做记录。如果是开会的话需要有会议记录，需要下属在会后将工作沟通的内容形成工作计划。如果下属空着手到领导办公室接受任务，一定是训练无素的表现。

（5）必要时请他复述或提问，以了解理解程度

为了保证下属能够把自己安排的工作完全记住，经理一定要让下属复述交代的工作，下属在复述的过程中，就会把遗漏的内容补齐了。如果下属曾经在工作委派

交流过程中复述了一遍还是没记住，他自然而然会在下一次交流的时候做笔记了。

当然，上级也可以询问下属关于所交代的工作的重点，如果下属没记住，可以再讲一遍，务求记住。

（6）强调完成任务的重点

上面几个要点做好了，在会谈结束的时候，一定要再次强调任务的重点。

（7）了解员工完成任务的障碍与问题

业务领导者在沟通过程中，询问员工在工作过程中有哪些困难、问题和障碍。并且让员工不要有太多顾虑，当员工遇到问题时，领导要表示会提供支持和帮助。这些都是暖人心的举动。

（8）原则上不提供具体的方法

如果员工能够解决问题，就让员工按照自己的思路去试试。不要企图把自己的想法强加给下属，因为这起不到培养的作用。

（9）根据员工工作能力不同区别对待

员工有老人也有新人，从长远的角度看，如果工作不是很急，把工作交代给新员工是最好的方式，因为下属是通过干活练出来的。当然，如果工作比较急，老员工是最佳的选择，但是老员工手头的工作要提早安排。否则，老员工也会不爽。

（10）表达支持但鼓励员工独立思考

上下级是一伙的，在下级眼里自己的上级就是公司，下级的工作是为上级做的。所以上级要对下级的工作提供必要的支持。同时，上级还要鼓励下级多思考、多学习、多尝试。这样可以把下级的积极主动性激发出来。

（11）表情放松

这一点对于新任的业务领导者尤其重要。因为新任的业务领导如果角色转型不是很完全，会出现不太敢安排工作的情况，在安排工作时，表情也会比较僵硬。

资历较深的业务领导，如果上下级工作关系不太融洽，也会出现在委派工作的时候表情不太自然的情况。

请记住，你是安排工作，不是求下属来工作，表情一定要轻松自然。

（五）委派后的工作反馈和跟催

安排完工作之后，上下级之间一定要多互动，要做工作的反馈和跟催。这一步对于职业素养不高的下属和管理不太规范的企业特别重要。

1. 工作跟踪的五个步骤

（1）衡量工作进度及成果

测量和盘点实际的工作进度和成果。要想跟踪工作，首先要确定当下的进度，否则就是盲目跟踪了。

（2）评估结果，并与目标进行对照

根据初期制定的目标值及评分标准，对照任务进度，评估与计划相比是否存在出入，是快了还是慢了。这一步，上下级之间可以公开、客观地去评价，不需要藏着掖着。

（3）对下属的工作进行辅导

在评估的过程中，如果发现进度提前了，要及时表扬下属；如果进度慢了，也要提出批评，但最重要的还是促成改进。当然，并不是所有行业进度快就是好事，例如房地产行业，与进度吻合是最好的。这个过程中，要对员工进行正向的工作辅导，不要仅仅当作简单的评估打分。

（4）在跟踪的过程中，如果发现严重的偏差，就要找出并分析原因

业务领导者在发现问题后，都习惯先解决问题，实际应该先分析问题产生的原因。针对原因做分析，制定有针对性的解决方案。

（5）采取必要的纠正措施，或者变更计划

如果偏差是可以纠正的，那就采取调整的措施纠正；如果发现初期的目标本身就有误，或者客观环境不允许继续执行原计划，就要及时变更计划，否则计划最终也完成不了。

2. 工作跟踪的五个原则

（1）适时

适时发现问题，不要让问题随着时间和情况的变化而变得复杂起来。

（2）抓重点

如果没有跟踪最重要的活动，而仅仅是关注次要的问题，那么工作跟踪就不能对工作目标完成产生任何的帮助，反而会偏离已达成的工作目标。

（3）明确要点

明确所要探讨的工作是什么，明确进行的时间和地点，使下属感到上司对他所进行的工作非常重视。同时，对方都要清楚讨论的问题是什么，以便双方针对具体问题着手准备，提高工作效率。

（4）讲实际

从实际出发，不要把工作跟踪搞得比工作本身都复杂，更不要在工作跟踪中说一些不切实际的话。

（5）经济性

工作跟踪是一件耗费时间和精力的事情，所以，在进行工作跟踪的时候，需要平衡速度、经济型以及精确性三者之间的要求，有的时候，我们必须牺牲一些精确性，来使工作跟踪得以迅速、高效地进行。所以工作跟踪的程序设置要靠谱，不能搞得劳民伤财。

表 3-1　工作跟踪表

序号	KPI（GS）及目标值	权重	考核标准	自评实际完成情况	自评	上级评实际完成情况	考核人评
1							
2							
3							
4							
5							
6							
7							

在工作任务的跟踪中，使用表 3-1 所示的工作跟踪表是最适用和方便的方法，所以在做每日、每周、每月、每年的工作计划复盘时，都可以参照这张表。表中包含 KPI 及目标值、权重、考核标准、自评、上级评价等。保证有记录可查，有存档。

3. 委派工作后的反馈与跟催

工作反馈是下级根据工作进展、工作的成果以及遇到的问题，定期向上级汇报工作，听取上级的进一步指示。工作跟催是上级主动向下级了解工作情况。

（1）委派工作后的四种情形

·放心。工作委派给了合适的人，领导心里特别踏实。

·遗忘。领导太忙了，工作安排出去之后，就忘记了，如果下属不来汇报，基本上记不起来了。

·担心。工作委派出去了，可是不知道是不是妥当，所托是否恰当。各种担心、烦恼涌上心头。这种情况一般出现在焦虑型领导身上。

·烦恼。工作委派出去了，可是过程中各种事情纷繁复杂，让人烦不胜烦，感觉还不如自己做。

（2）委派出去的事的两种完成情况

·完成。工作任务完成。

·未完成（含取消）。工作取消了，可能是主动取消，也可能是被动取消。

（3）委派工作中的三类人

·领导。负责工作委派和工作进度的跟催。下属接手工作后，一定要跟领导保持必要的联系，不能总是给领导惊喜和惊吓。

·员工。干活的人，在工作中，不但要保证工作的进度，还要保证工作的完成质量，同时做好工作沟通和汇报。

·相关者。例如客户、同事，各方要处理好相互的关系，不要有太多的心理优势。

4. 反馈的原则

例行工作专人检查，定期汇报，例如财务月报，财务总监检查各部门的报告，总经理检查财务总监提交的报告。

委派工作过程汇报，结果汇报。

· 7天以内的工作，一般工作在过程中口头反馈一次，重点工作在过程中口头反馈两次。

· 7天以上的工作，要约定时间节点反馈，如果员工没有在时间节点反馈，一定要询问员工进展到哪一步了。

员工反馈的习惯是可以培养的，领导只要见到员工就问进度，超过3次后，员工基本就养成主动汇报的习惯了。

5. 跟催的方法

跟催方法包含：表单、电话、微信、钉钉、邮件、短信、便签、口头说明等。

定期跟催时机包括：晨会、周例会、月总结会、季度总结会、半年和年度述职。例如58同城，每天都会召开晨会和夕会，工作安排得很细致，并且执行季度考核，如果有员工第一个季度第一个月的业绩不好，可能下两个月就没有休息日了。不定期跟催时机有：路过领导办公室时、走路时、吃饭时、同行时。

三、工作目标设定的实战方法

据一项国际调查显示，在公司中，30%的工作与实现公司目标没有任何关系。工作中40%的内部问题与大家对目标有不同的理解有关。对于中国企业来说，相当一部分"内耗"是因为相互抱有不同的目标，或者说是由目标的冲突引起的。

> 如果不设定目标，只能出现两种情况：一种情况是经常布置工作（下指令）；另一种情况是"忙着救火"。

在本堂课的开篇笔者就讲过，工作的委派是个工作技巧，业务领导者练练就好了。可是工作目标的设定和分解，以及工作计划的形成和执行，是令当下国内大多数企业，尤其是中小型企业的经理人普遍感到头疼的问题，不仅是工作技巧，还涉及经理人对业务的理解。在这里笔者拿出两个模块讲一讲工作目标的制定和分解，以及从目标到计划。

（一）目标制定与分解流程

1. 预算体系是目标管理的基础

（1）以预算为基础的目标设定

企业目标的来源首先是预算，根据公司的年度财务指标来分解目标，从预算到具体的业务部门的目标，这是一个难点，也是一个重点。

古语云，"凡事预则立，不预则废"，"预"指计划，在目标管理体系中，可以理解为预算机制。很多公司在推进目标管理体系时，没有配套的预算机制予以保证，或者建立了预算机制，但预算的准确性、执行度比较差，预算执行的偏差率比较高，导致目标设定不准确。

（2）根据预算分解目标

虽然预算本身并不是最终目的，更多的是充当一种在公司战略与经营绩效之间联系的工具，但是在分配资源的基础上，预算体系主要用于衡量与监控企业及各部门的经营绩效，以确保最终实现公司的战略目标。

所以可以根据公司的预算体系并根据利润中心、成本中心、费用中心提取公司目标管理的财务指标，根据三级目标体系实现有效的目标分解。

①设计公司预算体系

每一年度，由公司的财务部门根据董事会下达的经营指标，结合上年度各项成本（费用）情况，组织编制年度（月度）预算，根据年度工作目标和计划，各业务部门编制收入预算和成本预算，管理部门编制费用预算，预算要按照详细科目分解到各个部门，落实到每个月中。这是公司编制目标管理体系的出发点，也是员工编制工作计划的出发点。

经验提示

编制成功的公司预算体系需要三个必备步骤。

· 设计预算模板

预算做得准确与否，取决于各项预算科目是否分得足够细，取决于各项科目对应的职位是否清楚。编制预算体系前，必须要做的是对各类预算科目进行细化和标准化。

· 由各个业务部门负责人编写相关预算

各个业务部门负责人要根据本部门工作计划编制预算，要将预算和计划结合到一起，这样的预算才有实际意义。

· 预算汇总及评审

预算数据的准确性，一方面在于对历史数据的分析，另一方面则取决对未来预期的准确预估。因此在预算汇总后需要组织专门的预算评审会议，对预算的准确性进行评价，对各类收入、成本、费用指标进行明确。

②根据预算机制分解到部门的工作计划

单纯的预算不能作为员工工作的依据，更不能作为目标绩效考核依据，在预算制定完成后，各个业务部门需要根据预算，结合公司战略、目标设定本部门的工作计划，要细化到年、季度、月，如果有可能，细化到周计划。

经验提示

很多公司认为：公司预算编制通过后，年度计划就完成了，而实际运营结果却发现，到年底，预算不是超标，就是没有实现，很多年初要做的工作目标到年底发现都没有完成，却额外做了很多其他工作。

提升预算有效性的方法就是在预算编制结束后，必须要根据预算制订详细的部门工作计划，并把工作计划分解到个人的月度计划，并以此为考核依据，这样才能保证工作重点和目标的一致性。

2. 目标管理的 SMART 原则

设计目标需要符合SMART原则，目标应当是明确、具体、可衡量、相互关联、具有时限要求的，具体含义和要求如表 3-2、表 3-3 所示。

表 3-2　SMART 原则

原则	含义
S（Specific）：明确性	所下达的目标要非常明确，或者说要"质量化"而不是"定向化"，不允许用模糊的数据或语句来描述。比如过去国有企业对员工考核主要是"德、勤、能、技"几个方面，这些指标比较模糊，很难考核。
M（Measurale）：可衡量性	指标需可量化、可衡量。比如市场部今年要完成销售额 2500 万元，完成利润 300 万元，产品合格率要达到 100%，优良率要达到80%。
A（Attainable）：可达到性	目标是能够达到的。如果目标根本无法达到，那么就没有完成任务的信心。比如说，今年把市场范围扩大到广州，这是可以达到的，但要把市场范围扩大到全世界，恐怕难以实现。
R（Relevant）：相互关联性	目标之间有关联性。一个目标的达成一定会影响其他目标的达成。几个目标之间一定不要相互矛盾。
T(Time-based)：时限性	要规定一个期限，规定在什么时间之内完成任务或实现目标。

表 3-3　测试表：判断目标是否有效

有明确的完成期限	☐
目标清楚，以量化方式显示	☐
目标是由上级目标分解而产生的	☐
目标经过努力可以实现	☐
目标可以通过量化的数据进行评估	☐

3. 目标制定流程

目标制定流程如图 3-1 所示。

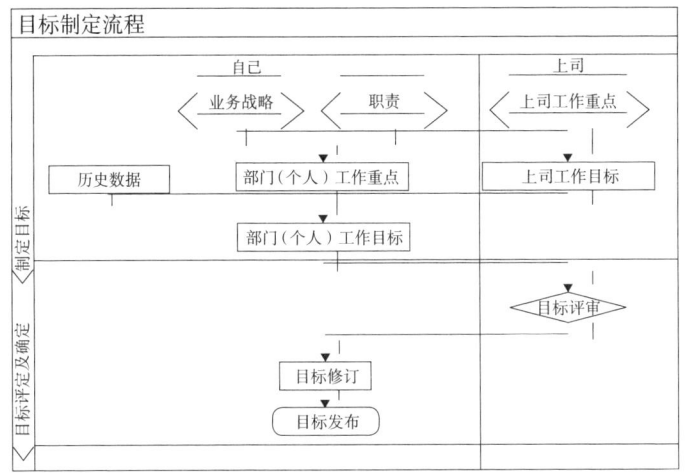

图 3-1　目标制定流程

（1）制定目标的两个步骤

①制定工作重点

制定目标前，要明确以下内容。

·与目标有关的业务战略。在充分了解公司战略的基础上，制定本业务部门的战略，这也是制定个人工作目标的基础。

·部门职责(岗位职责）。

·上级的工作重点。本单位工作重点要考虑到上级的工作重点，要根据上级的工作重点安排，结合本部门职责制定部门（个人）的工作重点，确定工作方向。

②设计工作目标

根据工作重点、上级工作目标以及历史相关数据的判断，制定本单位详细工作目标，并且应当符合 SMART 原则。

（2）目标评审及确定

部门（个人）目标制定后，要经过直接上级的评审，只有经过上级确认后方可作为部门（个人）的工作目标。

当部门（个人）目标未能达到上级要求时，要修改目标并同上级进行沟通，共同确认本单位的工作目标。

这个过程涉及上级对下级的辅导，务必要细致。

经验提示

企业中的目标设定需要业务领导者和员工一同完成，每个业务领导者必须要掌握设计部门目标、审核员工工作目标的技能，能够将上级的目标落实到部门目标，同时又能组织好目标分解。在这个过程中，上级需要对各个业务领导者的目标制定能力进行系统训练，提升业务领导者制定目标的能力。

4. 目标分解流程

目标分解流程如图 3-2。

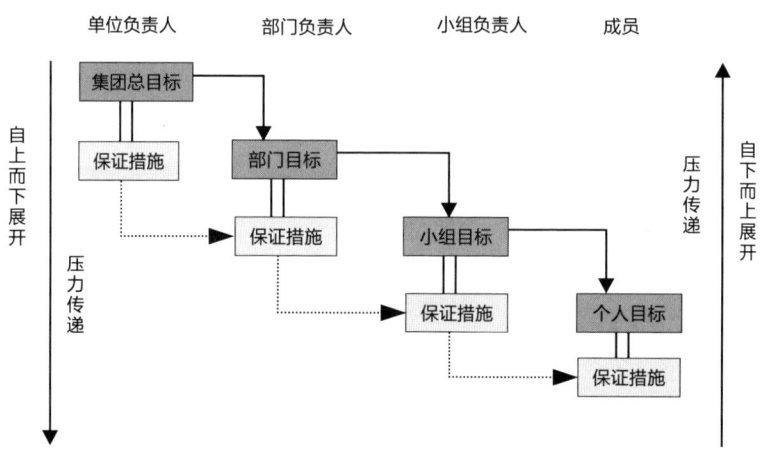

图 3-2　目标分解流程

（1）从企业战略出发

如果企业没有编制长期发展战略，严格说就根本谈不上目标管理。在明确企业发展战略规划的前提下，编制目标才会落到实处。

为此，企业需要建立一个公司级的非常设目标管理单位——目标管理委员会。鉴于目标管理是一项重要工作，所以这个委员会通常由企业的总经理或者总裁亲自担任负责人。

企划部或者人力资源部是目标管理的具体执行机构，如下达目标、检查跟踪等。而各个单位业务领导者是目标管理的主体。

（2）目标层层分解

根据管理层级，由公司最高管理层组织制定公司级目标，年度公司级经营目标需要上报董事会批准。董事会批准后，形成公司年度目标计划，由目标管理委员会的执行机构打印成文，下达各个部门和单位。

各单位领导与上下级一起设定本部门的具体目标，这是目标管理的一个特征。目标不是上级强加给下级的，而是上下级沟通之后共同认定的。

部门把这些目标再分解给下面的班组和每一个员工，做到"人人有事做，事事有人做"，每个人都能清楚地了解上级的目标和个人的目标。

通过层层目标分解，可以让公司的战略分解到具体的成百上千项的详细工作目标，通过个人目标的完成实现部门目标。

（3）目标自下而上层层保证

实例

董事会要求市场部的经理完成销售额2000万元。市场部经理下面有四个业务员，分别负责北京、东北、西南和西北地区的销售。2000万元平均每个人500万元。但是，如果就给他们下达500万元的任务，只要其中有一个人没完成，总任务就完不成了。所以要把每个人的指标加大一点，四个人总和应该超过总量。比如每人600万元，加起来就是2400万元。这时候如果其中有一个人没完成任务，加起来可能是2200万元或者2100万元，总任务还是可以完成的。

目标自下而上保证的两个条件是。

> • 下级制定的目标要覆盖上级目标，无论是目标值还是目标项目上。
> • 为保证目标能够完成，公司必须制定相关的保证措施予以支持，保证措施包括物力、财力、人力的支持。
>
> 经验提示
>
> 在进行各个工作方面的目标分解时，注意不要有遗漏，也不要使几个下级的工作发生重复。平行的业务工作，分解的时候相互不要有交叉，也不要有空白。

5. 设定目标值

绩效目标的指标值一般设计为两个，一是目标指标，二是挑战指标。

（1）目标指标

目标指标是指，正好完成公司对该职位某项工作的期望时，职位应达到的绩效指标完成标准。通常反映在正常市场环境中、正常经营管理水平下，部门或单位应达到的绩效。公司可根据批准的年度计划、财务预算及职位工作计划，提出指导性意见，经各级经理和员工共同商讨认同，按各级管理权限分别审核确认，最终确定目标指标。

> 经验提示
>
> 首先，确定目标指标时，可参考过去相类似指标在相同市场环境下完成的平均水平，并根据情况的变化予以调整。
>
> 其次，可参照一些行业指标、技术指标、监管指标、国际指标，从而确定合理的水平。
>
> 再次，应参考为上级职位相关指标所设定的目标值，保证下级单位对上级单位目标值的分解。
>
> 最后，应结合本公司战略的侧重点，服务于本公司关键经营目标的实现。目标指标的设定，侧重考虑可达到性，其完成意味着职位工作达到公司期望的水平。

（2）挑战指标

挑战指标是评估者对被评估者在该项指标完成效果上的最高期望值。因此挑战性目标值的内在含义，可看作是对被评估者在某项指标上完成效果的最高期望。

设定挑战性目标时，要在基本目标设定的基础上，考虑实际工作绩效是否很容易在基本目标上下有较大波动，对波动性较强的指标，应设定较高的挑战性目标。

无论是目标指标，还是挑战指标，均应由评估者和被评估者来协商确定。指标值要在听取评估者和被评估者意见后，按管理权限审定。指标值每年核定一次。指标一经确定，一般不做调整。如遇不可抗力因素等特殊情况确需调整，由被评估者向评估者提出书面申请，并按规定程序审批。未获批准的，仍以原指标值为准。

经验提示

在确定过程中，尤其要注意公平地为各职位设定指标，对相同类型的职位统一要求，尽量避免同类职位的指标值在相同情况下有高有低。对同类职位，其指标值的差异可以因自然条件、当地经营环境与企业资源多少有所不同，但不应因个人能力与过去绩效水平的不同而产生差异。例如，不能因某员工工作能力与管理水平高，就给其设定较高的目标值，造成对其的衡量标准高于他人，所得绩效分值低于其真实水平。

（二）三个步骤分解公司目标

1. 制定公司一级目标

各级领导者配合公司总经理在每一年度、月度开始前，制定公司下一年度、月度工作目标，公司级经营性指标由董事会下达，具体内容见表3-4。

表 3-4　公司经营指标

维度	目标项目	说明
财务效益	净资产收益率	企业盈利能力
	总资产报酬率	
资产营运	总资产周转率	企业运行的效率高低
	流动资产周转率	
负债能力	资产负债率	企业偿债能力
	已获利息倍数	
企业发展状况	营业额增长率	企业成长情况
	资产累计率	

除此之外，公司还需要根据公司实际管理运营状况，设定非财务类指标，指标主要用来衡量企业资产运营之外的其他因素，考核企业或者企业领导人除了绝对的财务数据之外的其他一些目标。

· 产品（服务）质量控制。

· 新产业研发能力。

· 产品的市场占有能力。

· 行业或区域影响力。

· 流程化和标准化管理水平。

· 管理团队素质状况。

· 员工素质状况。

公司一级经营目标设计完毕后，要组织召开公司管理层会议，对目标的可行性进行讨论，一方面对目标的完成进行预估，另一方面要组织目标的分解。

经验提示

目标不宜过多，多了精力就分散，不一定完成得好。

· 对于公司级的目标，10~12 个就可以了。

· 对于部门级的,下属单位或者子公司这一级,一般应该在8~10个。

· 目标分解到员工,一般就是5~8个。

2. 分解至部门二级目标

公司级目标确定后,公司的人力资源部门或者企划部门,会组织专门的目标分解会议,对公司级目标进行分解。目标分解会议由公司最高管理者主持,各部门负责人参加,会议的主要内容就是分解公司级目标到各个部门。分解按照职位级别和类别来进行。

各个业务部门的目标设定要素包含内容见表3-5。

表 3-5　目标设定要素

部门	目标要素	部门	目标要素
销售部	销售额 销售数量 毛利润 毛利率 新客户拓展数量 客户满意度 人均销售收入(毛利)	采购部	采购成本 原料质量 毛利率 采购效率
市场部	市场占有率 品牌建设及拓展 媒体宣传计划执行 市场活动计划执行 目标群体受众率	财务部	预算执行 核算及时准确性 资金的有效筹划和利用
生产部	生产数量 产品质量 生产成本控制 人均产量 流程优化	人力资源部	员工满意度 人员流失率 培训计划完成 人力资源项目完成 后备干部储备计划完成
研发部	新产品开发 新产品市场占有率 研发项目管理 研发团队建设	行政部	信息系统建设 员工满意度 后勤工作效率

> **经验提示**
>
> 在横向目标的分解过程中，部门和部门之间目标的协调是需首要考虑的，尤其要避免各部门为了自己的利益而争执不休，忽视了企业总体目标而影响它的实现。
>
> 在会议上进行目标讨论和分解是一种非常可行的办法，各个部门人员都可以根据公司战略目标发表自己的看法。同时，也可听取其他部门为实现公司战略而对自己部门提出的意见、要求和需要的支持等。经过充分的磨合，这样目标分解到各部门后，各部门之间就不会推诿、扯皮。
>
> 这个过程也是 OKR 所说的目标对齐。

3. 设计个人三级目标

个人目标要与部门目标保持一致，部门经理的目标，就是下属目标制定的指导原则，而且个人目标要在部门目标的基础上进行进一步细化，使之更具有可操作性。如何为下属制定目标，可参考表 3-6。

表 3-6 为下属制定目标的步骤

步骤一：向下属传达公司和部门目标
步骤二：让下属结合工作职责和部门目标，拟出三个目标，并按照"紧急性——重要性"顺序填写
步骤三：表达期望（让下属知道，在新的目标中，你的期望是什么）
步骤四：让下属按 SMART 原则衡量目标（不符合 SMART 原则者不可作为目标）
步骤五：与下属讨论目标
下属关于目标的说明 你的提问（为什么） 你的建议（希望在哪些方面加以改进） 分歧点是否得到解决（请下属自己确认）
步骤六：让下属写出"矫正"后的目标（与下属经讨论共同设定的目标）
目标一 目标二 目标三

四、从目标到计划

（一）设计个人月度工作计划

制定好了明确的工作目标，接下去的工作就是将所制定的工作目标，转变为详细的行动计划。作为实现工作目标的支持系统，详细的行动计划能够帮助下属更好地理解和执行。

1. 计划的好处

· 制订计划会使工作目标更明确，使下属更了解目标。

· 计划使得工作目标的设定更符合实际情况。

· 计划能够使工作更有序、有系统地进行。

· 好的计划能够减少可预见到的阻碍或者危机出现的可能性。

· 能更为轻松地处理突发事件和问题。

· 减少突发情况的发生，并使绩效表现和结果更加可控和可预测。

· 工作更加有效率，因为每一个成员都能直接投入工作，不需要浪费时间。

· 成员的工作表现能够比较好地与工作结果相匹配。

· 能够更为客观地评估结果。

2. 制订计划的内容

制订简单的工作计划，见表3-7。

· 目前的情况——现在所处的位置。

· 前进的方向——做什么，向哪里前进。

· 行动——需要做什么才能达到。

· 责任人——谁来做。

· 开始日期。

· 计划的阶段性反馈，或突发事件发生时的紧急处理程序。

· 结束日期。

· 预算成本。

表 3-7　简单的工作计划

序号	计划内容	责任人	日期
组织设计阶段			
1	内部组织级别设计	项目组	10.21–10.23
2	组织类别设计	项目组	10.21–10.23
3	组织名称设计	项目组	10.21–10.23
4	设定标准组织结构图	项目组	10.22–10.23
职务设计阶段			
1	设定职务类别	项目组	10.22–10.24
2	设定职务级别	项目组	10.22–10.24
3	建立职务序列表	项目组	10.22–10.24
4	绩效、薪酬职务类别	项目组	10.22–10.24
岗位设计			
1	确定部门岗位设置	项目组（各部门）负责人	10.27–10.30
2	确定岗位职责	项目组（各部门）负责人	10.27–11.05
3	确定岗位任职要求	项目组（各部门）负责人	10.27–11.05

经验提示

常见误区

· 没有注意计划的滚动。需要业务领导者在制订的年度计划或者季度计划的基础上，制订相应的月计划、周计划，甚至是每天的计划，以利于实际工作的操作。

· 没有弹性。好的计划就是要给未来的变化留有一定的余地。

· 没有估计多种可能。针对多种可能，找出相应的解决方案，做好充分的准备。

· 没有考虑资源和条件。

· 没有事先沟通和确认。

（二）分解个人工作计划到每周、每日日程

月度计划要落实到员工的每周、每日日程表中，各个业务领导者要组织部门员工制订周工作计划，安排每天的工作内容，见表3-8。

表3-8　周工作计划

第 ×× 周工作总结			
姓名		日期：自 2008/10/27 至 2008/10/31	
要素		工作重点	进展及业绩
特别感受	1		
	2		
	3		
本周安排	1		
	2		
	3		
本周不足	1		
	2		
	3		
下周计划	1		
	2		
	3		
需要支持	1		
	2		
	3		

职场感悟：如果让员工写工作日报，每周写周报，每月写月报，会不会被骂

我认为这要看公司员工的认知层次，正规的企业一般是要求员工制订日计划、周计划、月计划和年计划的。这些工作属于常规的标准化动作，属于职业经理人的时间管理技能的范畴。

时间管理有三个法则、三个工具。

一、时间管理的法则

（一）二八法则

一个人的时间和精力都是非常有限的，要想真正做好每一件事情几乎是不可能的，要学会合理地分配时间和精力。面面俱到不如重点突破。把80% 的资源利用在能出关键效益的 20% 的方面，这 20% 的方面又能带动其余 80% 的发展。

重新审视工作时间表，分出事情的轻重缓急，要毫不留情地抛弃低价值的活动，永远先做最重要的事情。

核心理念：人类社会 20% 的资源，与 80% 的资源活动有关。

应用要诀：要事第一，重要产品第一，关键人物第一，核心环节第一。

（二）第二象限法则

第二象限法则是时间管理理论的一个重要观念，是指重点把主要的精力和时间，集中放在处理那些重要但不紧急的工作上，这样可以做到未雨绸缪，防患于未然。在人们的日常工作中，很多时候往往有机会很好地计划和完成一件事，但常常没有及时去做，随着时间推移，造成工作质量下降。因此，应把主要的精力有重点地放在重要但不紧急的"象限"上，合理安排时间。有一个好方法是建立预约。建立了预约，自己的时间才不会被别人所占用，从而有效地开展工作。

（三）ABC 法则

ＡＢＣ 时间管理法是美国管理学家莱金提出的一种管理方式，他把工作分为 A、B、C 三个等级，A 级为最重要、必须完成的工作，B 级为较重要、应该完成的工作，C 级为较不重要、可以暂时搁置的工作。

ABC 时间管理的步骤如下。

1. 列出目标：每日工作前列出"日工作清单"。

2. 目标分类：对"日工作清单"分类。

3. 排列顺序：根据工作的重要性、紧急程度确定 ABC 顺序。

4. 分配时间：按 ABC 级别顺序定出工作日程表及时间分配情况。

5. 实施：集中精力完成 A 类工作，效果满意，再转向 B 类工作。对于 C 类工作，在时间精力充沛的情况下，可自己完成，但应大胆减少 C 类工作，尽可能委派他人执行，以节省时间。

6. 记录：记录每一事件消耗的时间。

7. 总结：工作结束时评价时间应用情况，以不断提高自己有效利用时间的技能。

二、时间管理的三个工具

（一）日计划

每天都要做日计划。下班前抽出 15~30 分钟的时间，总结今天的工作要项，同时根据周计划、月计划把第二天的工作计划制订出来，按照重要程度排序。

第二天早上按照日计划开始工作，先做重要的，再做次重要的。同时要留出弹性时间，如果是经理，至少要留出 40% 的时间来应付突发事件。

（二）会议管理

会议管理可以参照韩国三星集团的 9 个凡是。

1. 凡是会议，必有准备

在三星，永远不开没有准备的会议，重大的会议都有事先检查制度，没有准备好的会议必须取消。在会议开始前，必须把会议材料提前发给与会人员，与会人员要提前看材料并做好准备，不能进了会议室才开始思考。

2. 凡是会议，必有主题

在三星，开会必须要有明确的目的，为会议准备的 PPT，在前 3 页 PPT 中，必须显示会议主题。会议的主题，要事先通知与会人员。

3. 凡是会议，必有纪律

在三星，开会时要设一名纪律检查官（一般由主持人担任），在会议前先宣布会议纪律，对于迟到者要处罚，对于会议上不按流程进行者要提醒，对于发言带情绪者要提醒，对于开小会私下讨论的行为要提醒和处罚，对于在会上发脾气和攻击他人行为要进行处罚。

4. 凡是会议，会前必有议程

要在会议之前明确清楚会议的议程，会议组织人员要在会前将议程以书面的形式，发给各参加会议的人员，使他们能了解会议的目的、时间、内容，使他们能有充分的时间准备相关的资料和安排好相关工作。每一项讨论必须控制时间，不能泛泛而谈。

5. 凡是会议，必有结果

开会的目的就是解决问题，会议如果没有达成结果，将是对大家时间的浪费。所以，每个人都要积极地参与到会议议程中来，会议监督官有权利打断那些偏离会议主题的冗长发言，会议时间最好控制在 1.5~2 小时以内，时间太长会超过人的疲劳限度。会议主持人要设置时间提醒，现在还有 60 分钟，还有 30 分钟，还有 10 分钟等。会议的决议要形成记录，并当场宣读出来确认。没有确认的结论，可以另外再讨论；达成决议并确认的结论，马上进入执行程序。

6. 凡是开会，必有训练

三星把培训看成是节约时间成本的投资，能让员工快速成长。培训员工，让员工减少犯错，提升技能，本质上是提高了时间价值。

三星有专门针对如何开会的培训，对每个层级的员工都有足够的“会议训练”，例如如何开会，如何主持，如何记录，如何跟踪，如何对待分歧，如何汇报等。这些必要的训练会让公司的会议变得高效。

7. 凡是开会，必须守时

设定时间，准时开始、准时结束。准时开始、准时结束实际上就是尊重别人的时间，开会一定要准时，并要对每个议程定个大致的时间限制，一个议题不能讨论过久，如不能得出结论可暂放一下避免影响其他议题。如果一个议题必须要有结论，要事先通知与会人员，让他们有思想准备。

8. 凡是开会，必有记录

一定要有准确完整的会议记录，每次会议要形成决议，会议的各项决议一定要有具体执行人员及完成期限。若此项决议的完成需要多方资源，一定要在决议记录中明确说明，避免会后互相推诿，影响决议的完成，这点特别重要。

9. 凡是散会，必有事后跟踪

记住，"散会不跟踪，开会一场空"。加强稽核检查，要建立会议事后跟踪程序，会议每项决议都要有跟踪、稽核检查，如有意外可及时发现、适时调整，确保各项会议决议都能完成。很多企业管理人员都没有这样的意识和习惯，企业的高层也缺乏这样的要求。

三个简单却很有意义的公式，一定要注意。

①开会 + 不落实 = 零

②布置工作 + 不检查 = 零

③抓住不落实的事 + 追究不落实的人 = 落实

（三）会见管理

会见管理中不管是主动拜访还是接见客人，一定要建立预约机制。这样可以把会见双方的时间高效利用起来。

比如提前预约，告知对方大约什么时间见面，谈论什么事情，大约需要多长时间，等等。

第 4 堂课　辅导人——在岗授能　有效改善

本章讲的是如何把工作委派给下属。实际工作场景中，经常会有领导者说："我不管过程，只要结果。"如果是老板说这句话，还情有可原，毕竟老板太忙，如果是中层经理说这样的话，那么公司的经营风险会无形中增加不少。以笔者多年的工作和培训咨询的经验来看，大多只要结果不要过程的领导者，管理能力都不高，不怎么会带下属。

经理把员工招募到团队中，委派任务之后，如果员工不会做，那么其首要的任务是辅导员工，而不是强求结果。有个统计数据很有价值：员工工作中最需要的帮助不是培训，而是上级主管的岗位辅导，后者占到70%的比例。

在实际工作中，也有很多领导花了很多的时间带下属，但效果不佳，甚至与下属之间反目成仇。所以这一节课主要介绍如何高效辅导员工，主要讲情境辅导和绩效辅导两个技能。

本章节学习内容。

· 基于情境的辅导
· 绩效辅导的基本步骤
· 两个教练式辅导工具

一、基于情境的辅导

业务领导者给下属做辅导是基于员工手头的工作开展的，即工作辅导一定是基于工作情境开展，基于情境的辅导属于前面讲到的"经营人"的范畴。要想做好员工辅导，首先要弄明白员工需要什么样的帮助，而不能主观臆断，否则会出现"你妈觉得你冷"的笑话。然后再基于员工发展阶段和工作情境匹配合适的辅导工具，达到辅导员工的目的。下面详细介绍一下情境辅导。

（一）员工发展的四个阶段

辅导和激励下属之前，要明确员工处于工作任务的哪个阶段，判断好工作情境才好对症下药。根据工作能力和工作意愿两个维度，将员工的成长情况分为四个发展阶段，如图 4-1 所示。

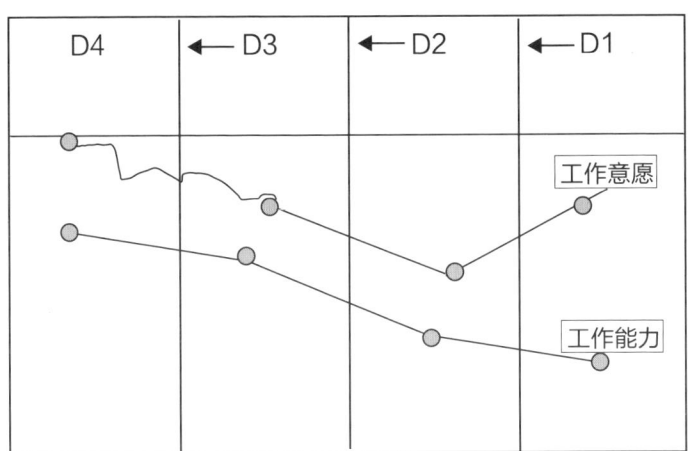

图 4-1　员工发展的四个阶段

· 第一阶段：工作能力弱、工作意愿高。

· 第二阶段：有部分工作能力、工作意愿低。

· 第三阶段：工作能力中至强、工作意愿不足。

·第四阶段：工作能力强、工作意愿高。

员工的发展阶段可以用新员工入职的心路历程来解读，示例如下。

第一阶段是新员工刚进入公司时，一般他们的工作意愿都很高，想着多投入，能够更快地被领导和同事们接受，可是工作能力相对较低。尤其是刚毕业的大学生，基本不知道应该怎么干活，缺乏工作能力和工作经验。即使是有工作经验的员工，刚到一家公司，也未必能完全快速达到岗位工作要求，因为原公司的工作流程和新公司的工作流程存在差异性，原企业可能是按照 1-2-3 的顺序来操作，新公司可能就变成了 3-2-1 的顺序。所以员工入职之后，需进行新员工培训，还需要在岗培训。新员工刚开始工作的时候，常常会出现的情况是：怀着一腔热血地把事情办砸了。所以这个阶段需要领导者多留一些注意力在这些新员工身上，这也是新员工特别愿意接受的。

如果在第一阶段没有进行适当的辅导和激励，新员工会迅速进入第二个阶段，经历过几次事故，尤其是跳进了老员工"不小心"挖的坑，新员工就会认为公司原来没有想象中那么好，领导也没有想象中那么好，同事不太好相处，工作内容也不太满意，于是工作能力非但没提升，工作意愿还迅速降低。这个时候的员工要么选择离开，要么就意志消沉了。这就意味着，在新员工入职后，需要业务领导者有主动辅导和激励的动作，新员工做得好的地方要及时鼓励，做得不好的时候要及时辅导，要帮助员工建立自信心，提升工作技能，使其更快地适应岗位要求。员工与上级的"蜜月期"一过，第二阶段的员工多多少少都会出现一段不适应期。这个时候如果上级不关注、不辅导新员工，公司的"老白兔"就会主动去接近、辅导新员工，很容易影响新员工。而到那个时候，上级就只能放弃这些新员工了。而招聘新人，适应和培养都需要时间和精力，这样就浪费了大量的资源。

如果在第二阶段上级不抛弃、不放弃此类员工，对新员工不懂的地方及时辅导，新员工不开心的时候与其勤沟通。到了第三个阶段，员工的能力就会逐步提升，活也能干好。如果领导者的能力不特别突出，第三阶段的员工的工作能力和工作技能基本上可以跟领导相当，员工就达到了"快牛"的水平。多数企业习惯"鞭打快牛"，谁干活效率高，被安排的活也多，容易出现做得多错得多的现象。如果领导情绪管理能力较弱，下属挨批也会增多，这样下来到了年底，员工的收入不一定高多少，心情可能也不好，这个时候员工就会开始摇摆不定，工作意愿时高时低。一些能力不错的员工会拒绝领导安排的其他工作，理由可能是太忙或者资源不够。所以在这个阶段，领导要多给予员工理解和支持，做个知心大姐或者知心大哥，不能施硬压，要适度地讲道理。

如果员工慢慢适应公司的工作节奏，渐渐在人岗匹配的三个层次上适应了公司的要求，员工就进入了第四阶段，这时员工能力强、意愿高。这个阶段的员工从技术水平上看不会比主管领导弱，工作意愿（敬业度）也高。盖洛普对敬业度的调查显示：美国员工的敬业度在33%左右，中国员工的敬业度在10%左右。这个阶段的员工一般是要予以晋升的，属于公司的优秀员工和优秀经理，每年评优基本上就是这些人。对于他们，领导需要给予完全的信任和适度的授权。

所以，员工在不同的阶段有不同的需求。而员工在处理某一项工作任务或某一个项目时，也可能会出现这四个不同阶段的特征，如表4-1所示。所以只有先明确阶段，了解员工的实际需求，才能做有针对性的辅导。

表 4-1　员工发展四阶段总结

阶段	工作能力与意愿	工作情况	水平
D1	工作能力弱、工作意愿高	完全没有概念	新手
D2	工作能力弱或能力平平，工作意愿低	需要在他人的指导和帮助下工作	初级
D3	工作能力中或强，意愿动摇不定	能够独立完成工作	独立
D4	工作能力强，工作意愿高	能够指导他人进行工作，在本领域内能提供咨询，担当顾问	高手（专家）

在不同的发展阶段，员工的需求也是不同的。

1. 热情洋溢的初学者的需求

这个阶段的员工工作能力弱、工作意愿高，在工作上，他们对上级的需求有以下11点。

（1）明确的目标（知道明确的工作目标、知道做好工作的标准）

第一阶段的员工需要知道明确的工作目标，以及工作目标的衡量标准都有哪些，这样在启动工作和工作进行中，可以做到心中有数。这个内容实际上也是盖洛普 Q12 测评法中的 Q1。

对于新员工或者接手新工作的员工，特别需要了解工作目标和工作标准，以及工作重点有哪些。新员工也特别怕发生怀着一腔热血做错事情的情况，那样不仅会影响新员工的工作意愿，也会给部门工作带来损失。

（2）职责与规范

从工作分析的角度看，每年公司年度规划确定之后，紧接着就是组织结构的调整，然后是部门和岗位职责的重新梳理和优化。所以职责的优化对于新人来说需要提早告知，避免出现一味蛮干的情况。同时，公司年度规划重点传达是需要时间和精力的，各级领导者的理解能力和执行能力决定了传达的效果。所以在组织架构调整、岗位职责规范和绩效目标确定之后，员工特别迫切地需要知道：领导要我做什么？怎么做？

规范就是工作规范或者岗位规范，是岗位职责细化的产物，如果公司可以把这一步做到，对于这个阶段的员工来说是最好不过了。

（3）行动计划（有人对他说明怎么做、何时做、跟谁一起做）

新员工特别想知道具体的行动计划有哪些，这意味着领导不仅要做工作计划，还要把工作细节告知新员工，告知他怎么做、何时做、跟谁一起做。

（4）工作完成的时限

领导要准确告知员工工作完成的时长及各时间节点。

（5）工作的优先顺序

员工对岗位工作内容的优先顺序不是很清楚，迫切需要领导给予清晰地安排。领导不能图省事，把工作甩给下属了事，那样会出现不可控的局面。

笔者曾经的一位同事负责公司培训工作，有一次交谈时他问我："你是怎么安排工作的？"我说："我会把下属能做的工作委派给他们。新的工作如果下属有比较清晰的思路，我会让他们试试；下属承担不了的工作，我会自己做。"而这位同事的做法恰恰是相反的，他会做的自己做，不会做的安排给下属。如果是这样的工作套路，那么第一阶段的员工可能对工作毫无头绪，最后连为何出错都搞不清楚。

（6）工作成果经常得到反馈

新员工对于自己工作的完成结果一般心里都没底，特别希望自己的领导能够时不时指点一下，例如工作方法合理不合理、工作成果是否达到了公司和领导的要求。业务领导如果能时常指点员工，员工的士气会持续保持在较高的状态。

（7）知道个人工作表现和成效的资料是用什么方法收集，以及应该给哪些人看

员工可能在工作上有了产出或者结果，公司对于这个工作是看过程、看结果，还是两者都看；是在 OA 上收集资料，还是在钉钉上，或是以 Excel 的形式收集；公司什么级别的领导会关注这项工作，关注哪些内容。这些信息都需要领导提前告知，以便员工能够重点关注。

（8）在公司工作的不成文的规定

公司内部不成文的规定，说白了就是潜规则。例如，有些领导习惯中午吃完饭后休息一会儿，下午两点半后再开始上班。如果新员工不清楚领导的这个习惯，在下午两点半之前敲门汇报工作，结果可能会不太好。

（9）任务和组织的相关资料

例如，过往其他员工完成过的类似工作的流程和结果，公司内的行为规范和制度。避免新员工不清楚怎么干活，只凭借一腔热情干活，这样容易把活办砸了。

（10）员工对工作的热忱被肯定

员工需要工作热忱被肯定，虽然第一阶段的员工效率不是最高的，但热情度高，这时候如果能受到领导的赞美，会备受鼓舞。例如，领导走到员工身边拍拍肩膀说："小李，做得不错。"

第一阶段员工的产出一般来说不会特别显眼，甚至会时不时地出现差错。所以新手最值得肯定的就是工作热情了。

（11）实务训练

新手需要实务训练，尤其是技能型的岗位，需要领导直接向员工示范如何操作。这个阶段的培训工作最主要的是内部的在岗培训。

2.憧憬幻灭的学习者的需求

这个阶段的员工工作能力弱或能力平平、工作意愿低，在工作中他们对上级的需求有以下 8 点。

（1）明确的目标和愿景

第二阶段的员工在接受工作的时候，需要知道明确的目标和愿景。员工希望领导不仅要告知工作目标和工作标准，还要告知所在的岗位在公司内从长远来看会如何发展，让自己看到希望。第二阶段的员工如果缺乏上级的关注，哪怕只是暂时没有其他更好的机会，即使留在公司内，也会消极怠工。

（2）知道为什么做某事的理由

第二阶段的员工需要知道为什么做某事的理由，而第一阶段的员工根本没有这个方面的要求，因为工作意愿高。第二阶段的员工工作意愿下降，最重要的原因是他们感觉公司现状和自己期待的相差太大，只有让他们知道领导安排任何工作的真实目的是什么，他们才能心无旁骛地开展工作。

（3）经常得到有关工作成果的反馈

第二阶段的员工希望自己做得不好的地方能得到建设性的意见，进步的地方要得到表扬。因为第二阶段的员工对自己信心不足，对周围的人缺乏信任，所以他们期望管理者时不时地和他们沟通工作情况，其实是为了保持接触。否则第二阶段的员工很容易流失，或者退化为"滚刀肉型"的员工。

（4）进步时得到表扬

盖洛普 Q12 测评法中的 Q4 是员工希望一周之内能被自己的领导表扬一次。第二阶段的员工工作如果有起色，或者达到普通员工的水准，会迫切地希望得到主管的表扬和认可，毕竟他们能够做出一些业绩实在是太难了。

（5）有人告诉他们不必害怕犯错

对于"干啥啥不行，吃啥啥都香"的员工，一般的领导会把他们抛弃或者孤立。但是，第二阶段的员工其实需要的是领导告诉他们不必害怕犯错，出了问题领导会担着的，这样会给员工带来信心和温暖，否则员工很容易丧失信心。

（6）有机会讨论他们所顾虑的问题

第二阶段的员工需要一个安全的环境来表达工作中遇到的困难或问题，

因为这个阶段领导和员工之间的信任感还没有完全建立起来，员工很少会主动发表观点。而如果总是不能表达自己的感受和困难，第二阶段的员工会感到孤独，内心是寂寞的，工作开展不了，上下级和同事之间的关系建立不起来，这样的情况久了之后，员工会离开的。所以最好能有可以表达顾虑而又没有太多顾虑的情境给第二阶段的员工，这需要业务领导者不但要有工作经验，还要有较高的情商。

（7）参与制定决策与解决问题

第二阶段的员工希望领导带他们参与制定决策与解决问题的机会，不是说他们水平有多高，而是他们不想孤立无援，那样会没有归属感。即便第二阶段的员工能力还没有提升到很高的水平，他们也希望能够知道公司或部门都在做什么事，他们很愿意提出自己的建议，这是存在感的证明。

（8）鼓励

第二阶段的员工需要业务领导者勤鼓励、勤表扬，与之保持接触，切忌批评过多。

第二阶段的员工为什么会产生憧憬幻灭？主要有以下几点原因。

①**工作比想象得困难**

貌似很简单的工作，或者别人很容易处理的工作，但是第二阶段的员工由于工作能力和工作意愿的双重低迷，就会自然而然地做不动。给人的感觉是"干啥啥不行，吃啥啥都香"。

②**没人看到他们的努力**

第二阶段的员工工作能力欠缺，做事情的时候自然是事倍功半。每天加班加点，点灯熬油，可就是不出活。在外人看来就是笨。人都喜欢贴标签，久而久之，缺乏能力的员工也会失去工作的意愿。

③**没有得到帮助**

这个阶段的员工特别需要领导和同事的帮助，他们得到的帮助就像黑夜中的明灯一样，可是有些管理者习惯拿着结果考核，喜欢鞭打快牛。所以，第二阶段的员工很无助。

④**要学习的东西很多**

前面讲过，学习是意愿，同时也是能力。能力不够就需要学习，若等事到临头的时候再学习，那要学的东西就太多、太难了。

⑤工作枯燥

一年到头全是琐碎的小事，没有一件需要决策的大事，大多还是重复性的工作，怎么也提不起精神。

⑥目标冲突，缺乏优先性

如果公司管理不规范，发展目标调来调去，没有规划性，对于大多数初级岗位的员工绝对具有杀伤力。

3. 摇摆不定的执行者

这个阶段的员工工作能力中至强、工作意愿摇摆不定，在工作中他们对上级的需求有以下 6 点。

（1）一位平易近人的良师和教练

第三阶段的员工能力中至强，他们属于能干活的快牛，同时也熟悉公司的业务和流程，只是被鞭打快牛惯了，激励也不够，所以工作意愿摇摆不定。他们需要的不是上下级界限很清晰的领导，也不需要一位指手画脚的领导，他们需要一位靠谱的师父或者教练，不仅让他们工作舒心，还能学到新的东西。毕竟处于这一阶段的员工换个公司还是很容易的。

他们大多数情况下的态度是：领导对我好，我就多干，领导对我不好，我就少干。

（2）可以有机会表达顾虑

这个阶段的员工一般都是公司的老人，或者成熟度比较高的职业经理人，他们不需要上级特别创造情境来表达工作上的顾虑。有的时候，在接受工作的时候，他们会主动跟上级交流工作开展的步骤和所需要的资源，同时会把个人的顾虑合理表达出来。作为领导，一定要有耐心听员工的表达，而不要仅仅当作是他们推辞工作的借口。有的时候，换位思考一下，员工真的不是不愿意干活，而是手头的活太多了，员工担心会耽误事儿，所以需要从领导那里知道任务的优先级。有的时候，他们还会顾虑事情做砸了，影响他们的形象和个人品牌。

（3）达到目标的障碍被清除

一般来说，第三阶段的员工手头的工作都不少，而资源往往欠缺，所以承担的任务多了，加班加点就是他们的常态。有的时候忙中出错，还会影响项目进度或者个人威望。这个时候，他们希望领导在交代工作的时候，最好能把资源配置到位，该给人的给人，该给的钱给到位，不能既想让马儿跑，连口清水都不给喝。当然，需要跨部门沟通的时候，员工还是希望自己的领导能够亲自参加助阵的。

（4）得到支持与鼓励，去发展解决问题的技巧

第三阶段的员工不缺乏基本的工作技能，工作能力也足以应付当下的工作。他们希望公司和领导能够为他们今后的职业发展提供必要的支持和帮助，最好为他们提供培训的机会，尤其是案例式、实操类的培训。他们也希望参与公司的前沿技术和新项目，并且在工作中和工作之外能够有能力方面的提升。

（5）高水准的能力与表现能受到赞扬与肯定

第三阶段的员工工作能力没有问题，一般性的工作在他们那儿基本上就是轻车熟路，所以他们不需要领导有事没事的就表扬一下，那样反而显得领导特别虚伪。但是当他们表现出高水准的能力与做出大业绩的时候，领导一定要不吝夸赞和表扬。

（6）用客观的眼光来评估他的工作技能，帮助其建立信心

这需要一些技巧，例如领导可以对这个阶段的员工说："老王，你现在的水平跟我在这个年龄时的水平相比，好多了！"

这样有利于帮助员工建立信心，持续向好的方向进发。

4. 能力强、意愿高的执行者

这个阶段的员工工作能力强、工作意愿高，在工作上，他们对上级的需求有以下 5 点。

（1）需要变化与挑战

第四阶段的员工能力强、意愿高，属于敬业度非常高的类型。单项工作能力比起自己的上级有过之而无不及，同时又高度认同企业的文化价值观。对他们来讲，岗位工作带来的挑战可以忽略不计了。往往其他同事费九牛二虎之力才能完成的工作，在他们那里基本上三下五除二就解决了。所谓的技术性工作，在他们手里已经驾轻就熟。所以他们更希望接触工作中的变化和挑战，这样可以带来新鲜感和成就感。

（2）需要得到授权（自主）或权威

由于第四阶段的员工属于成手，员工非常清楚地知道自己要干什么、如何干，相对会比较从容，所以不太愿意事事请示。他们希望在自己可控的领域内得到领导授权，能够自主地开展工作，当然需要按照计划开展工作，不是不受控的状态。如果领导总是指手画脚，并且说不到重点，会被此类员工轻视。

（3）需要受到信赖

第四阶段的员工有把工作做到优秀的本事，也有足够高的自信，他们希望被领导认同和赏识，也希望得到同事和下属的信赖。

（4）自己的贡献得到感谢

一般来说，优秀的员工工作产出是非常高的。据一家咨询公司统计，优秀员工的工作效率是一般员工的 3~10 倍，这也是为什么大多数经理人愿意鞭打快牛的原因。优秀员工的工作产出多、贡献大，很多经理人习以为常，很少有企业领导者能够客观公平地给这些优秀员工对等的待遇，抠抠搜搜，以至于寒了这些人的心，有些人会离职或者"退化"为第三阶段的员工。

所以，对于第四阶段的员工，在合适的时机，比如年底评优、薪酬调整和岗位晋升的时候，一定要优先考虑，并对他们的贡献给予真诚的感谢。

在称呼上也要有不同，比如可以称呼第一、第二阶段的员工"小李"；称呼第三阶段的员工为"老李"；称呼第四阶段的员工为"李哥"。

（5）做一位良师或同事型的领导者，而不是一位老板型的领导者

要给予第四阶段的员工足够的尊重。笔者曾经服务过的一家企业，总经理是"70 后"，他的司机也是"70 后"，每次在车上，如果有人打电话问总经理是否方便接听时，总经理都会说："方便，我跟我同事在一起呢。"司机一听心里就很温暖。老板把自己当成同事，说明是平等的。这名司机不仅开车技术好，还承担了接送总经理家人的任务，总经理对他也放心。

（二）匹配四个阶段的四种辅导（领导）方式

如果希望管理和辅导好上述四个阶段的员工，就需要配有针对性的管理方式。

通常情况下，领导行为分为两类：指导行为和支持行为。

指导行为

· 告诉下属要做什么、何时做以及怎么做。

· 明确界定领导者与下属的角色。

· 密切督导工作的成效表现。

主要的动作

· 设定目标和预期的成果。

· 预先规划及组织工作的内容。

· 说明工作的优先顺序。

· 将角色划分清楚。

· 设定工作期限。

· 决定评估与跟踪成效的方法。

· 教导下属如何进行一件特定的任务。

· 密切督导工作的进展。

指导行为最重要的四个动作：计划、组织、教导、督导。

支持行为

· 尽量采用双向沟通。

· 倾听，并提供支持和鼓励。

· 让下属参与决策的制定。

· 鼓励并促成下属独立自主地解决问题。

笔者根据指导行为和支持行为这两个维度，将领导方式分为四种，对应员工的四个发展阶段，如图 4-2 所示。

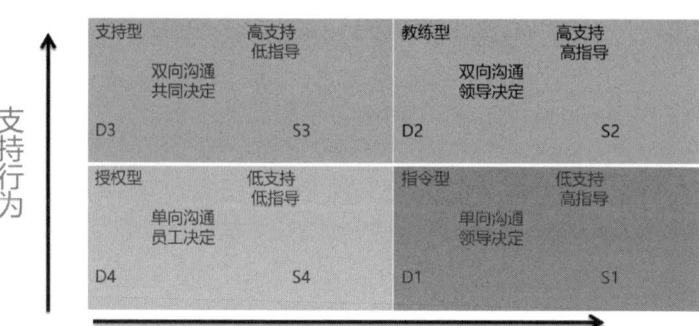

图 4-2　领导风格与员工发展阶段的匹配

• 第一阶段员工适合低支持、高指导行为，因为他们想干活但不知道怎么干，偏单向沟通，领导决定。

• 第二阶段员工适合高支持、高指导行为，偏双向沟通，领导要多问他们为什么、要什么，也是领导决定。

• 第三个阶段员工适合高支持、低指导行为，也是双向沟通，但决策要共同来决定。

• 第四个阶段员工适合低支持、低指导行为，单向沟通，充分授权，让员工自己决定，只要跟领导汇报即可。

具体行为动作详解如下。

1. 指令型的领导者具体的行为

指令型的领导者的具体行为对应员工发展的第一个阶段，员工能力低、意愿高，所以采用低支持、高指导行为。

（1）主导制订行动计划

指令型的领导者在领导和辅导下属的时候，占有绝对的主动位置。因为这个阶段的员工属于一腔热血的状态，你让他们打下手，他们也许还会给你捅娄子。员工有意愿、能力不够，在工作中没有章法，或者不了解企业现状。所以带这类员工的时候，由上级主导制订行动计划，这样会比较靠谱。

（2）说明所期望的成果、目标及时限

在行动的前、中、后期，要跟员工交代清楚工作的目标有哪些，最主要的工作成果是什么，以及工作时限。因为第一阶段的员工对于工作基本上没什么概念。所以要把这些内容交代清楚，避免将来一问三不知。

（3）说明好的工作成果是什么样子、用什么方法来评估好坏、评估的标准是什么

即使是新手也需要绩效评估，领导者给员工交代清楚目标之后，要把工作成果如何考核以及有什么方法考核说清楚，避免出现事后考核的时候，双方都不认账的情形。其实无论领导安排什么工作，这个阶段的员工只是接收，因为他们心里没什么概念，过程中需要大量的指导和帮扶。

（4）在"做什么""何时做""跟谁做"等方面做出绝大部分决定

行动计划是上级制订的，具体工作实际上也是员工在上级的指导下完成的，甚至主要工作也是上级亲自动手操刀的。

所以在做什么、何时做、怎么做、跟谁做、在哪里做、什么时候做等方面，以上级的决定为主，下属要做好配合。

（5）提供详尽的指导和说明

上级要向下属详细说清楚岗位职责、操作规范、工作内容、考核标准，同时在下属工作的过程中，提供全程的监督和指导，就像贴身保姆一样，避免出现下属好心办坏事的情况。

（6）经常提供后续步骤与反馈

在整个工作过程中，领导既要把前面说明的事做到位，过程中也要帮着把关，同时要对后续的工作动作提供相应的指导。还要对工作中的情况做反馈，以提高下属上手的速度。

（7）感谢下属的工作热情

盖洛普 Q12 测评法中的 Q4 提到每周表扬一次下属，这个阶段的员工除了工作意愿之外，实在乏善可陈，所以要多认同对方的工作热情，让员工踏实工作，尽快提升。

（8）感谢下属所拥有的可转移的技能，以及截至目前的进步

可转移的技能是指一些通用的工作技能和管理技能，可以适用于不同的岗

位，如果当下的岗位有些可迁移的技能需要下属掌握，上级要多关注下属的掌握情况，如果有进步要及时提出表扬，以激励下属尽快全部掌握。

（9）制订计划让下属学习新技能

针对下属的工作职责，规范当下的工作内容，制订下属在岗学习的针对性的训练计划，让下属逐步掌握必备的工作技巧，提升他们的工作技能。

（10）主导问题的解决

从上面的 9 个内容可看出来，除了工作计划是上级制订的之外，计划的执行和相关问题的解决，上级也起到了主导的地位。计划是领导定，解决方案也是领导定，下属基本是辅助领导完成任务，可见带新人是一个苦力活。

2. 教练型的领导者具体的行为

教练型的领导者对应员工发展的第二个阶段，即员工能力低、意愿低的状况，需采用高支持、高指导行为。

（1）说明为什么要以某种特定方式做事的理由

针对第二阶段的员工能力弱、意愿低的特点，教练型的领导者会对他们同时采取高支持、高指导行为，不仅要求他们做什么事情，还要苦口婆心地告知他们为什么如此操作。目的是为了打消对方的疑虑，使其专心投入到工作之中。

（2）让下属参与找出问题与设定目标

这里强调一个词：参与。第一阶段的员工只要接受命令即可，因为其工作意愿特别高，而第二阶段的员工由于工作意愿低，为了不让他们变成"滚刀肉"，教练型的领导者即使知道下属能力低，也会跟他们保持接触，在做问题分析和工作目标设定的时候会有意识地让他们参与进来。即使对方能力不足，也不会放任自流。

（3）让下属参与解决问题以及制定决策，建立信任

这里再强调一点：参与。目标设定好了之后，在解决问题和制定行动决策的时候，也要让下属参与进来。很多公司的项目组或者工作团队，基本都是老中青搭配，即使年轻人能力不足，团队领导者也会让年轻人参与进来，在工作进行中或者项目发展中提升年轻人的工作能力和自信心。

在团队讨论中，即使下属的意见没有什么帮助，也要做意见征询，这会让

下属的参与感逐步增强。只要有了意愿，剩下的就是时间和历练了。

一个工作能力不强，工作意愿也不足的员工，特别考验领导者的耐性和意愿。试想一下，一个"干啥啥不行，不推不动，推一下动一动"的员工，无论是在谁的手下都会令人生厌的。

（4）倾听——提供机会让下属表达他的顾虑及分享他的意见

前面讲过第二阶段的员工对领导和同事有很强的不信任感。在一般的工作场景下，他们不会跟周围的人讨论他们的顾虑，一方面怕被人笑话，另一方面怕暴露个人的缺点和不足。所以业务领导者一定要想办法创造让此类下属能够敞开心扉的环境，深入交流一下，让对方把真实想法说一说。此外，特别重要的一点是，领导者在沟通完毕之后的第二天，至少当周就要有所行动、给予反馈，给第二阶段的员工以信心。

只要建立了信任，慢慢地，上下级之间的连接就会搭建起来，员工的转变就可以预期。

（5）与下属商讨好的工作成果是什么样子，以及要用什么方法来评估工作成效

工作目标和工作计划确定之后，上下级之间还要就工作的绩效达成共识，互动起来。上级要跟下级商量好自己期望的成果是什么样的，可以征求下级的意见，同时双方要就考核评估的方法和评估标准达成一致，避免相互之间出现误解。

（6）聆听下属的意见及感受之后，就行动计划做出最后的决定

在教练型领导这种方式下，上级要学会问问题，同时要控制自己说话的欲望，学会倾听，让下属多说。要学会多问为什么？你怎么想的？你认为呢？你怎么看？以此激发下属的表达意愿。

在行动计划确认之前，领导要跟下属沟通，听听对方的想法，合理的就吸纳，不合理的就放弃。最终的方案还是需要上级拍板，毕竟下属的工作能力和工作经验还是不足以担当大任。

（7）事情要多久才能做成，提出你的期望；事情的发展与它的成效是否符合预期

这个时候不能像对待第一阶段的员工那样，直接给指令，命令对方去做事

情，而是要跟对方互动。即使是工作期间，也要委婉地提出个人的建议，比如，我感觉以你的能力两周之内可以完成这项工作。在计划实施过程中，时不时地给予进度反馈，态度也要客气一些，比如，"小李，你目前的进度跟咱们预期的差不多，加油！有问题就来找我"。员工按照应有的轨道进行工作，领导要提出反馈意见。

（8）给予支持、再确定以及赞扬

教练型的领导者给予员工正面的激励比较多，无论工作进展如何，都要确认可以提供支持和帮助。如果对方做得中规中矩，要及时表扬，时不时确认一下对方的进步和工作角色。

（9）继续提供后续步骤与反馈

这个阶段的员工工作涉入程度会深入一些，工作能力比第一阶段要高一些，但也强不了太多，所以上级在工作过程中，要时不时地给予对方反馈和辅导，在工作岗位上的培育要比课堂培训有效得多。

（10）就不断求取新技术及改进技术方面，提供指导及训练

教练型的领导者要根据员工的情况，鼓励他们学习新技术，或者改进现有的技术，如果下属有学习的意愿，就趁机多给予指导和教导；如果意愿度不高，一定要提高对方的参与度，无论如何不能让对方滑落为"滚刀肉"。

教练型的领导者属于又当爹又当妈的角色，非常辛苦，不过总有一天会苦尽甘来。试想一下：你的团队成员每个人都是你手把手教出来的，不但技术动作上一致，还能彼此配合，上下级的感情也很融洽，这样的团队是无敌的。

3. 支持型的领导者具体的行为

支持型的领导者对应员工发展的第三个阶段，员工能力中至强，意愿摇摆不定，所以采用高支持、低指导行为。

（1）让下属分担找出问题与设定目标的责任

这里强调两个字：分担。教练型的领导者采取的方式是参与，支持型的领导者采取的策略是分担，因为第三阶段的员工，工作能力是中至强，已经属于快牛的行列了，干活肯定没有问题。上下级之间已经在一起配合了很长的时间，

相互之间比较了解，虽然是上下级关系，但是如果工作之外还有感情连接的话，那么彼此之间就是朋友关系。很多公司的副总经理和部门总经理之间的关系其实很微妙，甚至有些强势的部门总经理会比上级更有实权。

有些上级在接手新的工作任务时，内心是想着找个下属分担工作重担的。他们表达的时候也是这样："老李，领导给了一个大活儿，咱们来商量一下，做个分工吧。"

（2）倾听并鼓励下属独立自主地解决问题及制定决策

第三阶段的员工具备比较成熟的工作技能，上下级谈工作的时候，上级可以开个头，然后听听下级的想法。如果对方的想法较为完善，就鼓励对方把工作承担了，让下属独立自主地设定解决问题的方案，这也是上级摆脱日常工作的一个很好的方式。

（3）扮演共鸣者的角色，鼓励下属表达他的顾虑及讨论他的意见

如果下属遇到了困难找上级抱怨，或者说他们的顾虑，上级可以扮演共鸣者的角色。比如："老李，你说得对，A 公司的王总确实很难对付，我之前跟他打过交道，那段时间真的很痛苦！"领导没有必要给下属直接的指令和解决方案，因为下属有能力解决。

如果下属是真的有顾虑或者有些方案拿不准，上级可以鼓励他们把真实的意图说清楚，跟对方做一个深入的探讨，提供必要的帮助。

（4）请下属主导行动计划的制订及问题的解决

如果问题分析和工作目标已经完成，那就请下属主导行动计划的制订工作。这样既发挥了下属的工作主动性，同时也把领导者从事务性工作中解放了出来，相当于把自己复制了一遍。

（5）士气不足的时候，提出不同的方法，来使目标或任务更有趣、更具挑战性

如果在执行计划过程中，士气不足，或者是因为重复性的工作项目，下属没有了工作激情，可以让下属尝试不同的工作方案，或者采用不同以往的工作方法来解决问题。或者采取分组竞争的工作方式，设立不同的精神激励奖项，激发下属和团队的工作热情。像一些金融机构柜台的流动小红旗和各种标兵就是很不错的方法。

（6）如果下属为了解决问题而需要帮助，分享你的想法来帮助他

如果下属在解决问题的时候遇到了困难，找上级求助，上级不要直接给出建议，而是分享你的经验和想法。例如："老王，你现在的问题，我在五年前碰到过一次，我给你说一下我当时是怎么做的，供你参考。"

记住，到此为止就好了，不需要再有进一步的动作。

（7）给予下属再确定、支持、鼓励和赞扬

下属每周都需要被表扬一次，对于第三阶段的员工，如果真的需要表扬的话，一定是做出了突出的工作贡献。平时不需要遇事就表扬，而是在工作过程中，对他们的工作进度、采取的策略给予肯定，或者必要的支持就好。因为很多事情他们都懂。

（8）与下属一起评估他的工作表现

期末或者工作计划结束以后，上级可以跟下级一起探讨工作的达成情况，对于下属在工作中取得的成果给予确认和评估。例如："老李，咱们一起把你这个阶段（这个项目）的完成情况评估一下吧。"

4. 授权型的领导者具体的行为

授权型的领导者对应员工发展的第四个阶段，员工能力高、意愿高，所以采用低支持、低指导行为。

（1）与下属共同找出问题所在，共同决定所期望的工作成果

这里强调两个字：共同。在这一步，授权型的领导者与教练型、支持型的领导者的策略变得不同了，因为下属的能力无可挑剔，他们不但知道自己会做什么，还知道自己不会做什么，以及自己值多少钱。这类员工已经不太需要上级做过多的驱动或者激励动作，他们是有自驱力的一类人。上下级在工作中只需要把工作放在桌面上探讨即可，双方除了掌握的信息不同，基本上可以做平视研讨，分析问题，制定决策。

（2）预期下属主导目标与行动计划的设定，以及决策的制定

上级在跟下级探讨问题时，无须做过多的交代，双方探讨完毕后，下级可能在第二天就拿着工作计划来找领导审核了。这样的下属，请问哪个业务领导者会不喜欢呢？

（3）鼓励下属自行评估他的工作表现

项目结束或者期末的绩效考核打分，领导可以让下级自行评分，而评分的结果一般来说会比上级的评分略微低一些。因为第四阶段的员工对自己的要求比上级对他的要求还要高。

（4）提供机会让下属分享及庆祝他的成功，并辅导别人

如果第四阶段的下属工作取得不错的成果，可以安排他们给本单位或者本部门的同事做一次工作分享，如果可以的话，把新人安排到他的手下或者团队中，让他们辅导和培育新人，这也是不小的激励。

（5）肯定、重视及奖励下属对集体的贡献

虽然第四阶段的员工给大家的感觉是，做什么事情都驾轻就熟，轻轻松松。可是那也是巨大的工作量，优秀的成绩也是建立在他们高超的工作技能的基础上的。所以，应该给予他们的奖励一点都不能少，甚至要超出他们的预期。因为这类员工的产出是一般员工的3~10倍。如果寒了他们的心，带来的影响是巨大的。

（6）促使下属担负起责任，直接授权

对于第四阶段员工驾轻就熟的工作，领导可以在第二年组织架构和岗位职责调整的时候，把他们需要授权才能做的工作直接写入他们的岗位说明书内，这样才是完整的授权。

（7）向下属提出更高的成效表现的挑战

第四阶段的员工可以放心大胆地使用，对于他们的工作目标和工作标准可以适当地定高一些，充分地锻炼他们的能力，预期他们可取得更高的成就。适当的压力和挑战有利于把他们拉出舒适区，培养的速度也会快一点。

四种领导方式配合不同阶段的员工使用，一定不能用错了。

这四种辅导、领导方式在制度决策和辅导员工的方式上也存在差异性，主要体现在以下几个方面，如图4-3所示。

形态 3- 支持 我们一起谈谈， 我们决定	形态 2- 教练 我们一起谈谈， 领导者决定
形态 4- 授权 你来决定	**形态 1- 指令** 我来决定

图 4-3　领导形态在决策方式上的差异

·形态 1 属于指令型，所有的决定都由领导来定。

·形态 2 属于教练型，领导约下属共同探讨方案，但最终决策还是由领导来定。

·形态 3 属于支持型，领导约下属共同探讨方案并且共同做决策。

·形态 4 属于授权型，领导直接让下属来做决策。

那么领导在给下属分派任务时就要做到会诊断，有弹性。

会诊断。业务领导者在委派工作和辅导下属的时候，首先要评估下属的发展阶段及需求。管理者可以通过直接询问员工，或在日常观察和对员工的了解中来确定员工的发展阶段及需求，并配以合适的领导方式。例如让财务总监管理人力资源工作，财务总监未必愿意，但如果让行政总监管理人力资源工作，他一定很开心。所以在分配任务时，也要考虑该任务是不是对方感兴趣的。

有弹性。针对员工的发展阶段灵活自如地匹配不同的领导风格。领导要基于员工的不同发展阶段匹配更适合的领导风格，不能说自己"原生态"是什么风格，任何时候、任何情况下都是这种风格，那会让员工在上班时很煎熬。

所有的领导方式、委派方式、辅导方式都是基于情境的。

（三）工作辅导的要点

1. 工作辅导的要点

笔者总结出 12 条业务领导者给员工做工作辅导的要点，如图 4-4 所示。

1. 事先了解员工对此类工作的经验 2. 让员工知道此项工作的重要性 3. 不要一次性指导太多的工作 4. 鼓励发问及反馈 5. 以建议的步骤提出示范 6. 用员工所能理解的语言	7. 让员工尝试着做一做 8. 大量的回馈、激励与强化 9. 协助员工克服知易行难的障碍 10. 不必急于给予指示 11. 以自我启发的自律性、自发性为依据 12. 以符合员工期望为前提

图 4-4　工作辅导的要点

（1）事先了解员工对此类工作的经验

首先要了解清楚员工之前有没有做过此类工作，做得如何，这既让员工感觉到领导很靠谱，其他同事看着也会觉得该领导很高明。其实目的还是要判断员工的发展阶段。

（2）让员工知道此项工作的重要性

无论是一份简单任务还是复杂任务，领导都要向员工介绍这份工作的重要性，站在公司的使命、愿景和价值观的角度，从公司的年度计划目标进行层层拆解，最后落到具体的工作任务上。让员工体会到即使是完成一项简单的任务，对公司的贡献也是非常大的。

（3）不要一次性指导太多的工作

每个员工的工作职责至少有5~8项，如果一次性全部指导一遍，效果往往不好，员工通常该犯的错还是犯，该不知所措也还是不知所措。所以最好的方式是在执行具体任务的时候再做具体的指导。在没有具体任务时，可以引导员工看看书或者向员工分享一些自己过往的经验。要懂得员工的技能水平都是通过干活练出来的。

（4）鼓励发问及反馈

领导不能只是辅导员工，在整个过程中，还需要不断地询问员工的感受和意见，例如要经常问问："小王，关于这个问题你的想法是什么？""老李，你还有什么其他的想法或建议吗？"这一步的目的是要确认领导和下属就某项任务是否达成了一致。

（5）以建议的步骤提出示范

对第一、第二阶段的员工可以用指令性的辅导，但对于第三和第四阶段的员工，应该直接问员工的意见，例如："小王，对于完成这项任务你打算怎么做？""老李，你看咱们这样做行不行？"

（6）用员工所能理解的语言

在公司待久了，一起工作的上下级和同事有可能会形成一些本公司独有的工作词汇，但新员工未必能理解。所以在辅导的过程中，一定要用员工能理解和接受的方式、语言与其沟通，否则很可能出现对牛弹琴的情况。

（7）让员工尝试着做一做

不能只是口头讲述，更重要的是让员工实践，员工在做的过程中会慢慢找到感觉的。

（8）大量的回馈、激励与强化

这是条件反射的过程。员工做得好的地方要多夸，强化他们的记忆，形成肌肉语言。因为员工都是需要赞美的，当然，做得不好的地方也要强调需要改善或者下次避免出现。

（9）协助员工克服知易行难的障碍

有些从重点大学毕业的员工刚进入企业后，会不自觉地认为自己特别厉害，其他人在他们眼里都很弱。对于该类员工，就很有必要让他们在工作中"碰碰壁"，让他们意识到自己能力上的欠缺，还需要在实践中不断检验，往往知道不一定就能做到。但也要注意分寸，不能把人给吓跑了。

（10）不必急于给予指示

在辅导过程中，不要做一步教一步，适当地让员工先自己探探路，出点错，因为人更容易记住教训，尤其扣点工资后，基本上同类错误就不会再犯了。

（11）以自我启发的自律性、自发性为依据

即使是领导对员工进行辅导，所要实现的最终目的也是要激发员工的主动性，达到有意识地学习、有目的地提高。否则员工总会觉得这事跟自己是无关的，是领导派的活儿。

（12）以符合员工期望为前提

领导给员工做工作辅导的前提一定是要满足员工期望的。例如，A 和 B 本是大学室友，毕业后进入同一家公司，工作 6 年后，A 被提拔为部门负责人，成为 B 的领导，B 为此耿耿于怀，并且工作意愿下降。如果这时候 A 给 B 做

工作辅导，估计辅导完，B 就辞职了。

2. 工作辅导的时机和切入点

除了要掌握上述 12 项工作辅导的要点，领导者还需要掌控辅导的时机和切入点，如图 4-5 所示。

☐ 有人请你给予建议、帮助、意见和支持
☐ 有人正在艰难地完成一项任务
☐ 有人正开始一项新的工作或担负起一项新的任务
☐ 有人感到挫折或迷惘
☐ 有人犹豫不决或一筹莫展
☐ 有人表现反复无常
☐ 有人对自己的能力没有把握
☐ 有人表达了要改进的愿望
☐ 有人表现低于一般要求
☐ 有人态度消极，影响工作

图 4-5　工作辅导的时机和切入点

（1）有人请你给予建议、帮助、意见和支持

意思是下属明确地提出请求：领导，这项任务我也不知道怎么做了，您能支支招吗？一般处于第一、第二阶段的员工求助会较多。

（2）有人正在艰难地完成一项任务

很难判断出员工的工作意愿，但可以看出工作能力不太高，基本是处于第一、第二阶段的员工。

（3）有人正开始一项新的工作或担负起一项新的任务

既然是新的工作或任务，工作意向一般是高的，基本上是处于第一、第四阶段的员工。

（4）有人感到挫折或迷惘

工作意愿会呈下降的趋势，基本上是处于第二、第三阶段的员工。

（5）有人犹豫不决或一筹莫展

犹豫不决一般属于态度问题，一般是处于第二、第三阶段的员工；一筹莫展属于工作能力不足，一般是处于第一、第二阶段的员工。

（6）有人表现反复无常

一般是处于第三阶段的员工。

（7）有人对自己的能力没有把握

有能力但是没信心，所以要多鼓励，一般是处于第三阶段的员工。

（8）有人表达了要改进的愿望

无论是已经做得很好的老员工或是刚入职的新员工，都会有改进的需求，所以适用于各个阶段的员工。

（9）有人表现低于一般要求

能力一般，一般是处于第一、第二阶段的员工。

（10）有人态度消极，影响工作

一般是处于第二阶段的员工。

所以领导带员工是一件很有难度的事情，既要知道员工做这件事的意愿，又要准确地判断员工的工作能力，同时要基于不同情境，灵活调整领导风格。做经理不是那么简单的事情，除了对员工工作要了解，还要对员工的个人情况有适度的把握。不能出现员工要离职，除了领导之外，其他人都知道的情况。

二、绩效辅导的基本步骤

第一部分主要讲了基于情境的员工辅导的方法，第二部分介绍一下绩效的辅导的方法。

（一）持续不断地绩效沟通

绩效沟通贯穿于绩效管理的整个过程，在不同阶段沟通的重点也有所不同。见表 4-2。

表 4-2　绩效沟通在不同阶段的沟通要点

绩效阶段	沟通要点
计划阶段	·业务领导者对团队的工作确定计划后，进行分解，并提出对于团队中每一成员的目标要求。员工作为团队一员，则要根据分解到本人的工作制订详细的计划，提出本期的主要工作和达成标准，并就这些工作标准与上级进行反复的沟通。 ·双方达成一致后，这些工作和标准就成为期末评判员工绩效的依据和标准。
绩效辅导阶段	·员工汇报工作进展或就工作中遇到的障碍向上级求助，寻求帮助和解决办法。 ·上级对员工的工作与目标计划之间出现的偏差进行及时纠正。
绩效评价和反馈阶段	·对员工在考核期内的工作进行合理、公正和全面的评价。 ·上级还应当针对员工出现的问题找出原因，与员工进行沟通分析，并共同确定下一期改进的重点。

经验提示

员工与上级共同确定了工作计划和评价标准后，并不是就不能改变了。员工在完成计划的过程中可能会遇到外部障碍、能力欠缺或者其他意想不到的情况，这些情况都会影响计划的顺利完成。员工在遇到这些情况的时候应当及时与上级进行沟通，主管则要与员工共同分析问题产生的原因。如果属于外部障碍，在可能的情况下，上级则要尽量帮助下属排除外部障碍。如果是属于员工本身技能欠缺等问题，上级则应该提供技能上的帮助或辅导，帮助员工达成绩效目标。

（二）提升员工业务能力的三种方式

绩效辅导核心的工作之一是不断提升员工的业务能力，提升员工对各类工作流程、工具的掌握能力。

1. 系统的专业技能提升培训

当发现部门整体工作效率存在问题，或者对考核项目进行系统分析后，发现某一项或几项普遍得分较低，业务领导者需要与下属、培训部门沟通，看是否有必要组织专门的专业技能提升培训。在受众群体较多、通过培训可以快速提升技能的情形下，可以组织专门的单项培训提升员工的实际工作技能。

2. 提升员工的专业能力，合理布置工作任务的四步骤

组织培训需要大量的同质化需求，但事实上，导致员工绩效不佳的原因有很多种，有员工个人的原因，有部门团队的原因，也有公司的原因。而对于不同的员工来说，绩效不佳的原因也不相同，有的是方法欠缺，有的是态度不端正，而有的是个人工作能力偏低。

有没有一种快速简单的方法，可以提升员工的工作效率和工作能力？答案是有，可以通过科学布置工作任务来解决，共分为四个步骤。

（1）同员工探讨工作任务分配和目标

在每月初，需要根据个人工作目标情况，同下属一同探讨工作任务的分配，要让下属明白：部门是一个团队，而团队目标，需要大家一同来完成。根据个人能力和专业分工，各个下属确认自己的工作任务和目标。

经验提示

不要以为工作任务分配就是开个会，或者直接给员工发一封邮件就可以搞定。对于新人，或者是未能达成良好工作默契的大部分员工，领导需要花费大量的时间在任务布置上，而不是在最终完成效果的评价和追责上。

（2）确定工作输出结果

单纯的任务布置和目标分解，并不能保证员工能够按照要求完成工作，所以领导需要和每个员工沟通确认工作结果模板。

具体做法：领导在完成了工作任务分配后，需要和下属逐一进行单独沟通，由各个下属提交每项工作任务的结果清单，同时提交最终结果的模板。

实例

如果交给下属一个调研任务，期望在两周以内完成某个事项的调研，最终汇报给公司高层。那么，在此阶段，需要和下属做如下工作。

· 确定最终汇报成果的形式。如果公开汇报，需要有幻灯片；如果专项汇报，需要有文字的调研报告。

· 确定最终汇报成果的组成。是由一个文件、两个文件，还是多个文件组成。

· 编制汇报成果模板。对每个文件的主框架进行确认，幻灯片的大纲，表格的项目设置，文字的章节设置等。

确定模板后，对于下属来说，要做的事就简单很多了。把汇报文档的所有空白部分填清楚、填准确。相对而言，工作难度系数就小了很多。

（3）讨论完成任务的步骤

工作结果确定后，下一步需要和项目的负责人一同沟通实现最终结果所需的各个关键步骤，对于一个具有丰富工作经验的人来说，这步可以省略；而对于工作经验不是很丰富的员工，或者是进行新业务、新项目时，这步至关重要，要控制工作结果，同时更要控制完成的过程。

为此，需要和员工一同沟通完成工作任务的各个关键步骤，讨论确定各个关键步骤完成的时间、阶段性成果等内容。

（4）关键节点控制

前面三个步骤都确定之后，员工对工作任务的完成至少有了相当的把握。为此，业务领导者还需要按照步骤三中的关键节点检查员工的完成情况，同时，需要提供各种支持，协助员工达成工作目标。

3. 组织团队内部学习

建立部门内部学习的氛围是提升员工能力的好方法。一方面，可以通过控制工作过程和结果提升员工操作能力；另一方面，能够让优秀员工掌握的技能在内部快速传递，同时通过内部团队建设，提升大家的工作士气，端正工作态度。

（三）辅导数据收集并形成记录

1. 收集绩效信息的方法

在做绩效辅导的同时，也需要收集员工绩效达成情况的信息。收集绩效信息的方法主要有以下三种。

（1）观察法

观察法是指经理直接观察员工在工作中的表现，并对员工的表现进行记录，特别适合 KBI 的考核。例如，一个经理看到员工粗鲁地与客户讲话，或者看到一个员工在完成了自己的工作之后热情地帮助其他同事工作等。这些就是通过直接观察得到的信息。

（2）工作记录法

员工的某些工作目标完成的情况是通过工作记录体现出来的。例如，财务数据中体现出来的销售额，客户记录表格中记录的业务员与客户接触的情况，整装车间记录的废品个数等，这些都是通过日常的工作记录下来的绩效情况。

（3）他人反馈法

员工的某些工作绩效不是管理人员可以直接观察到的，也缺乏日常的工作记录，在这种情况下就可以采用他人反馈的信息。一般来说，当员工的工作是为他人提供服务或者与他人有工作联系时，就可以从员工提供服务时或有工作联系的对象那里得到有关的信息。例如，对于从事客户服务工作的员工，经理可以通过发放客户满意度调查表或以与客户进行电话访谈的方式了解员工的绩效；对于公司内部的行政后勤等服务性部门的人员，也可以从其提供服务的其他部门人员那里了解。

2. 收集信息中应注意的问题

（1）让员工参与收集信息的过程

作为领导，不可能每天时时盯着员工观察，因此上级通过观察得到的信息可能不完整或者具有偶然性。那么，教会员工自己做工作记录则是解决这一问题的比较好的方法。员工都不希望自己的领导拿着小本子，一旦发现自己犯了错误就记录下来，或者将错误攒到绩效评估的时候一起算账。

我们需要反复强调的一个观点是：绩效管理是经理和员工双方共同的责任。因此，员工参与绩效数据收集的过程，本就是体现员工责任的一个方面。而且，员工自己记录的绩效信息比较全面，经理拿着员工自己收集的绩效信息与他们进行沟通的时候，他们也更容易接受。

但值得注意的是，员工在做工作记录或收集绩效信息的时候往往会存在有选择性地记录或收集的情况。有的员工倾向于报喜不报忧，他们提供的绩效信息中体现做得好的地方会比较多，而对于自己没有做好的事情则不记录。有的员工则喜欢强调工作中的困难，甚至会夸大工作中的困难。所以，当经理要求员工收集工作信息时，一定要告诉他们收集哪些信息，最好采用结构化的方式，将员工选择性收集信息的程度降到最小。

（2）要注意有目的地收集信息

收集绩效信息之前，一定要弄清楚为什么要收集这些信息。有些工作没有必要收集过多过程中的信息，只需要关注结果就可以了。如果收集来的信息并没有什么用途，那么这将是对人力、物力和时间的一大浪费。

（3）可以采用抽样的方法收集信息

既然领导不可能一天一动不动地监控员工的工作（如果有必要获得工作过程中的信息，也只好如此），那么不妨采用抽样的方式。所谓抽样，就是从一个员工全部的工作行为中抽取一部分做记录。这些抽取出来的工作行为被称为一个样本。抽样的关键是要注意样本的代表性。

常用的抽样方法有固定间隔抽样法、随机抽样法、分层抽样法等。

固定间隔抽样法是指每隔一定的数量抽取一个样本。例如，每 5 个产品中抽取一个进行检查；每隔 30 分钟抽取客户服务热线接线中的电话进行监听；等等。这种抽样的方法比较固定，容易操作，但也容易让被评估者发现规律，故意做出某些服从标准的行为表现。

随机抽样法是指不固定间距地抽取样本。这种方法不易让被评估者发现规律。例如，每一个小时中监听一个电话，但不固定是哪个电话。在有的情况下，可以利用随机数表选择抽取的样本。

分层抽样法是指按照样本的各种特性进行匹配抽样的方法。这种方法可以比较好地保证样本的覆盖率。例如，在进行客户满意度调查的时候，到底选取哪些客户作为调查的对象呢？这时就可以把客户的年龄、性别、学历、收入状况、职业等作为匹配因素，保证不同年龄、性别、学历、收入、职业的客户都能参与调查，这样得到的信息才会比较有代表性。

（4）要把事实与推测区分开来

收集客观的绩效信息，而不是收集对事实的推测。通过观察可以看到某些行为，而行为背后的动机或情感则是通过推测得出的。比如说"他的情绪容易激动"，这可能是推断出来的，而事实是"他与客户打电话时声音越来越高，而且用了一些激烈的言辞"。经理与员工进行绩效沟通的时候，要基于真实的信息，而不是推测得出的信息。

关于绩效辅导的内容，这里只做个简单介绍，详细的内容大家可以阅读《绩效管理的 8 节实战课》一书。

三、两个教练式辅导工具

教练犹如一面镜子，以教练技巧反映下属心态，使对方洞悉自己，并就其表现有效地给予直接的回应，令下属及时调整心态，明确目标，以最佳状态去创造成果。

教练技巧分为四步进行。

第一步，理清目标。首先要清楚你做事的真正目的，否则你的行为将不会是最有效的，甚至可能是南辕北辙的。比如你要去北京，但如果你不清楚你的目标的话，你很可能会买去上海的机票。就算到了上海再转机去北京，也已经大大地浪费时间、金钱和精力了。因此，教练的指南针作用，可以让你最有效地实现目标。

第二步，反映真相。令你知道你目前的状态和位置，这是教练的镜子作用。镜子是不会教你怎样穿衣打扮的，但它会让你看到你现在打扮成什么样，是不是你想要的样子。接着上一个比喻，你想去北京，但你不知道你现在的位置，你在深圳，却以为自己在广州，那么你不会去乘坐深圳到北京的班机，也永远搭不上广州到北京的班机。俗话说："知己知彼，百战不殆。""人贵在有自知之明。"其实都说明了教练"镜子"作用的重要性。

第三步，迁善心态。一个人有什么样的心态，就会做出什么样的行为。教练与传统的"顾问"等管理方式最大的不同就在于，教练针对你的心态，而不会教你具体方法。发生了什么事情并不重要，重要的是你面对它的态度。教练就像催化剂一样令被教者具有迁善心态，去实现目标。

第四步，目标行动。当你在镜子中看到自己的打扮和想要的不同时，你自然会做出相应的调整。而且，教练会要求你制订出切实可行的计划，并让你看到你的潜能以及新的可能性，帮助你做得更好。

教练不会教你方法，只会激励你去找到自己的方法。因为给你一个方法，往往会限制你的想象，限制你找到更好方法的可能。所以我们说，给人一条鱼，只能养活他一天；教人学会捕鱼术，才能养活他一生。

这里给大家分享两个教练的工具。

（一）迪士尼策略

迪士尼公司的创始人沃特·迪士尼在工作过程中采用了一种非同寻常的头脑使用策略：每当迪士尼团队产生一种创意的时候，他就会扮演三个不同的角色，用于开发梦想以及让梦想变成现实。

罗伯特·迪尔茨是 NLP 的倡导者，模仿并开发了这种策略作为教练工具，并把它称为"迪士尼策略"。从这种策略在世界各地运用的反馈情况来看，这种策略对许多被教练者起到了巨大作用。教练型领导者可以有效运用该策略，让自己多一条有创意且更有实际操作意义，能真正提高生产力的创新之路。

"迪士尼策略"要使用到三个角色：梦想家、实干家、批评家。

• 梦想家：充分发挥创造力，要不受限制地进行充分想象，把目标实现后的愿景、价值清晰地展现出来。

• 实干家：努力实现梦想家所设想的东西，把梦想家的愿景转化为具体的策略和行动步骤。

• 批评家：旨在运用批判性思维质疑实干家所提出的策略和行动步骤的可行性，只对实干家进行提问。

"迪斯尼策略"的要点在于，它应用了平行思维的原理：这三个角色按顺序出场，彼此各行其是，既能最大限度地发挥创造力，又能照顾到整体性。从不同的角度看待同一个事物，让自己的眼界、格局经由角色的不同变换而有更大的拓展。

在实际工作中，业务领导者可以采用"迪士尼策略"进行自我教练以找到最优的解决方案，也可以带领团队共创解决方案。具体操作步骤如下。

1. 选定一个要思考的具体事件或工作中遇到的某个具体问题。

2. 在三张白纸上分别写上"梦想家""实干家"和"批评家"。然后，将它们放在地上。

3. 首先站在"梦想家"的纸上。站在"梦想家"的角度，大胆地想象一个美好的愿景实现的画面。在这个事件中，你想得到的是什么，你最想看到的是什么，它的价值和意义是什么。无限发挥你的想象力，此时所有的资源你已经具备了，所以不用有任何的顾虑，更不要自我设限。

4. 充分想象后，从"梦想家"的纸上走出来，把你刚才想到的记录下来。然后，站在写有"实干家"的纸上，集中精力思考如何实现刚才"梦想家"所设想的画面，你要不断地问自己如何才能做到，有哪些策略和方法，需要哪些人、物、财、信息的资源，有哪些环节和步骤。你要反复地问自己"还有吗"，此时也要把"做不到"的念头抛开。

5. 充分思考完策略和计划后，从"实干家"中走出来，同样，把你刚才想到的记录下来。写完后站在写有"批评家"的纸上。然后，开始考虑有什么漏洞或者是改进的建议，你需要对刚才"实干家"所想到的内容进行批判性的评估，在这里你要衡量策略的可行性。注意，你只需要对"实干家"提问，不需要对"梦想家"提问。

6. 从"批评家"的纸上走出来后，记录下你刚才想到的。此时，你可以根据实际情况，选择再站在哪个角色思考，直到你有了满意的方案为止。

如果是带领团队用这个教练工具共创，你可以让团队成员分别扮演不同的角色，在白板纸上留出"梦想家""实干家"和"批评家"的位置，让团队成员把他们想到的都写在便利贴上，贴在相对应的位置上。最终你们会共创出一套最优的解决方案以及行动计划。

（二）平衡轮工具

"平衡轮"是将一个圆平均分成若干等份，然后将一个人的工作、生活或生命中一些并列的事项填写在纸中，并对每个要素的现状和未来用1~10打分，以帮助人们理清现状，觉察到平时忽略的部分，找出希望有所改变的内容。最后制订计划，采取行动。它包含以下三个方面的含义。

1.一个目标的实现需要相关方面的支持，就像一个轮子要想转动，需要辐条的支撑一样。

2."平衡轮"就像一架照相机，可以拍摄到当下这个时刻关于玩转行动学习目标相关方面的真实情况。

3.让目标的实现者清晰地了解目前这些相关方面的状态。而要想让轮子转动，需要这些辐条长短一致，强度一致。同样的道理，要想实现目标，需要每个方面平衡发展。

需要注意的是，运用平衡轮所展示的，一定是当事人对现状的每个部分是否满意，满意的程度如何，哪个部分需要改变，这些都要依照当事人的标准，必须由他自己做出判断和决策，而不是遵照教练的意愿。

在实际工作中，业务领导者可以采用"平衡轮"工具帮助部门员工找到解决问题的策略。具体操作步骤如下。

1. 确定目标

"平衡轮"需要一个目标进行驱动，但并不是所有目标都适用，必须符合SMART原则。即目标需要是具体的、可衡量的、可达到的、与目标愿景相关的、有时限的。

2. 列举资源

如图4-6所示，圆形一共被分为8个扇形区域，像一个轮子。在实际工作中，扇形区域的数量可以灵活调整。

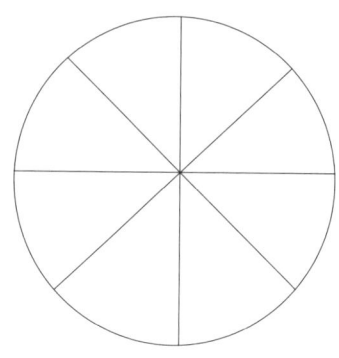

图 4-6　"平衡轮"

在这一步中，业务领导者要引导部门员工围绕设定的目标，聚焦和思考已经具备的资源、条件并分别填入各个扇形区域中。要注意保持耐心，不要直接给出答案，要相信员工可以自己找到答案。如果员工写了几个之后卡壳甚至想放弃了，业务领导者可以问这样的问题，例如：其他人做这件事时具备了哪些资源？如果目标已经达成了，你认为是因为具备了哪些资源？至少要写满 8 个，如果在引导后员工还是没有写到 8 个，业务领导者可以适当地给予提示或建议。

3. 自我评估

这一步需要员工对每项资源进行打分评估，从 1~10 分，让员工依次给每项资源打分，旨在通过打分让员工觉察现状与理想之间的差距，思考解决方案。这个环节是业务领导和部门员工共同寻找差距的过程。同样，先不要急着纠正员工的想法，而要以观察为主，并适当给予引导。如果解决方案不是员工自己说出来的，那么员工即便认同了也是勉强服从，听命行事，这样会降低员工在后期执行中的主动性。

在这个过程中，很有可能由于目标和理想之间的差距很大，使得员工产生不安、沮丧或失落的情绪，业务领导者要敏锐地觉察到员工的情绪转变，给予其适时地安慰。

4. 确定解决方案

通过前面三步的觉察，员工的思维已经被打开，对目标有了更为清晰的认知，那么接下来就是制订行动计划来实现目标了。为了能够帮助员工将计划转化为行动，业务领导者需要引导员工完善每个方案中的信息，包括时间节点、检视标准、监督人和第一步行动。

时间节点。每个解决方案必须有清晰的时间节点，这样才能促动员工尽快投入行动。同时，人们会习惯性地将时间节点推后，这是人的处事习惯，为了避免员工拖延，业务领导者应引导员工将时间节点前置。

检视标准。每个解决方案必须要有检视标准，并要将之作为评价的参照，即当目标达成时，无论是业务领导者还是员工本人，都能明确地知道目标达成了。

监督人。为了避免员工放松对自己的要求，最好能有第三方即监督人，对员工的计划执行情况进行监督，以确保目标的达成。当然，也可以让员工本人说出风险应对方案，做到自我监督。

第一步行动。思考第一步行动可以确保解决方案能够被执行，所以业务领导者应该引导员工思考行动的第一步是什么，即最容易开始的一小步是什么，为行动的执行铺平道路。

5. 精力管理

一个人的精力是有限的，当面对行动方案时，尤其是比较庞大的方案时，每个人都会感到精力不足，所以要设定优先级。以重要、紧急程度为评估标准，依次对各个行动方案进行评估，优先处理重要、紧急的项目，平衡精力，做好排序，以保证所有行为都对目标负责。

6. 激发行动

最后为了确保目标的实现，业务领导者要在结束前给员工赋能，明确表示在执行过程中可以提供的支持。

职场感悟：有一个特别聪明、特别能干的员工，但是不听你指挥，该怎么办

遇到问题，第一步要做的不是解决问题，而是要先分析问题。既然员工特别聪明，那说明是名干将。既然是干将，而你又是他的领导，他却不听你的指挥，这时就要看看你是不是瞎指挥了。

一、如果员工特别能干，还特别聪明，那说明是一个不可多得的人才，那要分析一下问题所在

如果员工不听你指挥，是因为作为领导的你每次都是瞎指挥，工作技能和工作方向感都比较差，而该员工每次不听指挥的结果都是对的，那么你就应该考虑给该名员工多授权，而不是用指令的方式安排他的工作。

因为能干的员工都不太听话，因其不愿意事事、时时被自己的领导盯着。所以，遇到能干的员工一定要根据员工的实际情况来安排工作。要发挥员工的主观能动性，而不是让员工习惯自己的管理风格。基于员工的发展阶段，他们对于领导的管理风格要求是有变化的，我们不能在老司机上路的时候，还事无巨细地安排，这只会让对方不耐烦，久了之后，员工会有异动。

二、用指挥的方式指导授权型的员工

若用指挥的方式指导授权型的员工，那么对于经理和员工来说都是一种折磨。授权型的员工需要的是同事型和教练型的领导，而不是官僚型的领导，如果你的领导方式是官僚式的，我建议你调整领导方式，要不然该员工会在不久的将来离职，而他离职后的窟窿是很难有人来填补的。

我曾经就职过的一家公司，老板娘要求必须时时汇报，事事汇报；安排工作事无巨细，必须按照要求百分之百地完成，如果有差异，必然是劈头盖脸的一顿批评。

之后有一位业务能力非常好的员工加入公司。这位同事在上家单位就是销售冠军，自主性和自由度都比较大。来了之后，努力适应了一段时间，但他还是特别难受，于是在没有找到下家的时候，选择了"裸辞"。公司因此也损失了一名优秀员工。

三、如果你的员工聪明能干，但是缺乏团队精神，每次都是单干户

如果是这种情况，还不听你的劝说，那说明该员工情商极低，或者他根本就没有把你这个领导放在眼里，或者有更高级别的领导在给他撑腰，你也无可奈何。如果是这样的话，建议尽快培养替代者，在合适的时机，把此人开除，或者调往其他部门，避免内部不和谐，还影响你的领导权威。

总之，聪明的员工不好找，如果找到了，一定要认真地带一带，好好培养，让人才为我所用，也要给人才成长和发展的空间。

第 5 堂课　激励人——及时赞赏 正向反馈

很多业务领导者认为，公司都给员工发工资和奖金了，员工就应该踏实干活才对。其实不是这样，因为每个人的成长与工作环境不同，自然就养成了不同的性格和工作方式，个人需求也不一样。针对不同的员工类型会有不同的培养方式，比如前面几堂课讲到的员工的四阶段模型。此外还有针对员工性格的管理模式，比如PDP、DISC、九型人格等。

选择人、要求人和辅导人，目的是把合适的人招募到，给其分配任务，给予工作指导，保证合适的人做合适的工作。可是实际工作中总有些人有能力却激情不足，业务领导者如何激发这些人员的工作意愿？如何让员工保有持续的工作热情？这正是本堂课要讲的内容。

本章节学习内容。

· 思考
· 有效激励机制的搭建
· 激励的工具：赞赏
· 激励的四个原则
· 知识型员工的激励

一、思考

（一）思考：员工激励的种类有哪些？不局限于物质激励

笔者在线下课堂上，在开始激励这个话题之前，都会先要求在场的高层学员，基于这个问题分组进行头脑风暴，内容是激励员工的种类和方式，时间为5分钟。通常情况下，学员收集上来的激励方式平均在20种以上。而这些方式中，物质激励所占的比例低于30%。

这说明业务领导者在真实工作情景中的激励方式不但包含物质激励，也包含非物质激励。真正的高手一般都是把两种激励方式运用得都很好的人，而大多数不成熟的业务领导者的头脑里仅有的激励方式就是——钱！

当然，物质激励手段不能少，但物质激励有局限性，比如大多数企业每年调整薪酬的次数不超过2次，发奖金的次数一般为一年一次，并且调薪的权限能真正让中层经理自由使用的概率略等于零。所以业务领导者更应该学习和掌握非物质激励策略，并且在工作中灵活应用。前面讲过员工离职跟自己的上级有着非常大的关系，因为在下属眼里自己的上级就是公司，通过对员工离职率比较高的部门进行分析发现：员工离职最主要的原因是部门的主管缺乏辅导激励的技术和意愿。

（二）员工激励是投资，高效工作是回报

业务领导者都希望在公司中实施有效的激励政策，来提高员工工作的积极性，从而提高整个公司的效益。从公司的角度来看，激励也是一种投资，投资的回报便是员工工作效率的提高。

1. 激励来自内因

西方行为科学家对个体行为的研究有一个基本的理论，叫作"激励理论"。"激励理论"可以简单地概括为：需要引起动机，动机决定行为。员工的需要

使员工产生了动机，行为是动机的表现和结果。也就是说，是否对员工产生了激励，取决于激励政策是否能满足员工的需要，所以说，激励来自员工的需求，也就是内因。

2. 了解员工的需求

要提高激励政策的有效性，就要使激励政策能够满足员工的需求。要做到这一点，首先就要了解员工的需求。在需求理论中，最著名的要数美国心理学家马斯洛提出的"需求层次理论"。

不同层次的员工（知识层次、薪酬层次等）处于不同的需求状态，如对于薪酬较低的员工，则要侧重于满足他们的心理需求和安全需求（即提高他们的生存水平）；对薪酬较高的员工，更需要满足他们的尊重的需求和自我实现的需求。同等层次的员工，由于他们的个性和生活环境不同，他们的需求侧重点也会不同，如有些员工很看重物质待遇（生活需求强烈），有些员工则喜欢娱乐和消遣（侧重休息需求），还有些员工以钻研某项技术为乐（工作需求强烈）。员工的需求是复杂和多样的，了解清楚员工的这些需求，就为制定有效的激励政策提供了基础。

3. 业务领导者对员工需求的"九个了解"

如果从日常的管理角度看，可以从以下九个方面了解员工的需求，如图 5-1 所示。

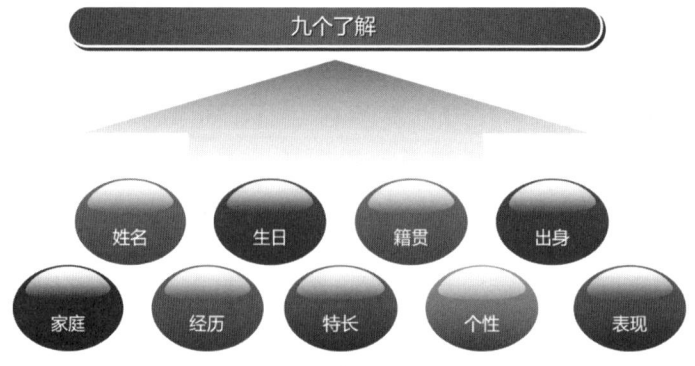

图 5-1　九个了解

激励员工一定要了解员工的需求，这不是空话，而应是建立在真实地跟员工沟通交流的基础上的。如果业务领导者每天都是高高在上的样子，不去关心业务和目标，不去体察民情，其实是很难做到有效的员工激励的，因为你不知道员工的需求是什么。经常会出现公司花了大价钱，结果却是"你妈觉得你冷"而已。

九个了解是业务领导者要了解向其直接汇报和隔级汇报的骨干人员的九个方面，包括：姓名、生日、籍贯、出身、家庭、经历、特长、个性和表现。

• 姓名。如果自己的领导在一些场合都叫不对、写不对下属的名字，你想一下下属心里做何感想？

• 生日。如果下属的生日到了，上级让自己的助理给下属准备了一场出人意料的生日会，下属的心理感受会很好。哪怕预算和时间都不允许，在生日当天，走到下属的工位，拍着下属的肩膀小声说一声"生日快乐"，下属心里也会暖烘烘的。

• 籍贯。知道下属的籍贯，可以在日常交流的时候多关注对方的地域习惯，甚至有去下属老家出差和外派的机会，可以优先安排。

• 出身。下属是富二代还是苦出身？你了解吗？什么样的工作他们会更感兴趣呢？

• 家庭。了解下属的家庭情况，在一些必要的时候，可以避免说一些无心刺痛下属的话，甚至可以跟下属交流一下同频的事情。

• 经历。下属有哪些学习和工作经历？做过什么工作？有没有特殊的工作经验，如果在委派工作的时候能够了解到这些情况，可以起到事倍功半的效果。

• 特长。下属有哪些特长，这里包含但不限于体育、音乐、写作、摄影等。在组织活动和安排工作的时候会有大用。

• 个性。下属是什么样的人际沟通风格，性格偏内向还是外向？团队精神怎么样？

• 表现。下属日常的工作表现如何？绩效如何？人际关系如何？

随着业务领导对下属信息越来越多的了解，相互之间的信任感也会逐渐增加。

4. 业务领导者需要做到的"九个有数"

业务领导者对于下属的九个有数,如图5-2所示,包括工作状况、住房条件、身体状况、学习情况、思想品德、经济状况、家庭成员、兴趣爱好和社会交往。

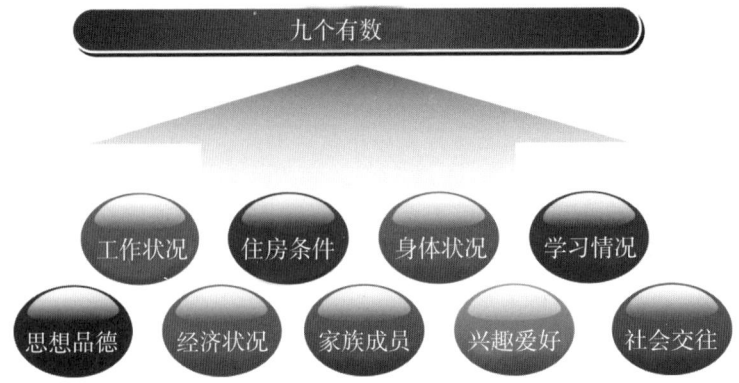

图 5-2 九个有数

• 工作状况。下属最近一段时间工作表现怎么样? 较长一段时间的工作绩效如何? 其他同事对他的评价如何?

• 住房条件。目前一二线城市的住房价格奇高,新人到一线城市工作,其实是很难买房的。即使在二线城市买房也是压力很大,那么你的下属是租房住还是买房住呢? 每月房租或房贷是多少呢?

• 身体状况。下属身体如何? 有无特殊病史? 能适应长期加班和出差吗?

• 学习情况。下属学习的意愿和学习的能力怎么样? 业余参加了哪些课程或培训?

• 思想品德。如果一个人的人品有问题,将来在本单位成就越高、职位越高,风险也越大。

• 经济状况。下属的经济压力大吗? 主要的经济支出有哪些? 钱是不是下属最优先考虑的事项?

• 兴趣爱好。志趣相同的人更容易产生共同语言,了解了下属的爱好,可以把爱好相同的人放在一个团队或者一个项目组，也组织一些兴趣小组，一定会其乐融融的。

• 社会交往。有时间的话，一定要问一问下属都有哪些交往的圈子，都在跟什么人互动。因为一个人的成就基本上跟他联系最紧密的五个人有关。

业务领导者如果对下属缺乏了解和关注，那么员工对于公司、部门和团队的归属感就会弱，毕竟浇树浇根、育人育心啊。

二、有效激励机制的搭建

（一）三个激励理论模型

为了把激励机制建设的事情说清楚，先介绍三种激励模型，其他的模型，大家可以阅读本节后面的附件。

1. 需求层次理论

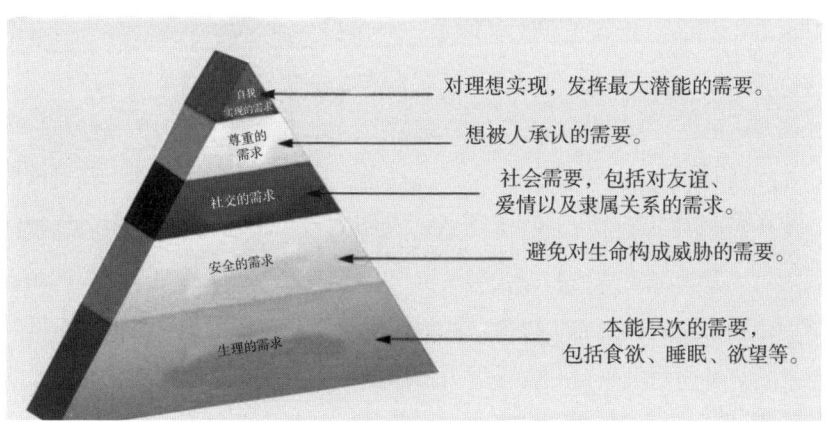

图 5-3　马斯洛需求层次理论模型

亚伯拉罕·马斯洛是布兰迪斯大学的心理学家，他的激励理论从经济学和激励机制的角度进行了研究，在 20 世纪 40 年代以前的心理学界占据着重要地位。马斯洛的激励理论基于几项假设。首先，马斯洛认为人们的需要和需求层次至少分为五个类别。

- 生理的需求。如衣、食、睡、住、行、性。
- 安全的需求。如保障自身安全、摆脱失业和丧失财产。
- 社交的需求。如情感、交往、归属要求。
- 尊重的需求。如自尊（有实力、有成就、能胜任、有信心、独立和自由），受人尊重（有威望、被赏识、受到重视和高度评价）。
- 自我实现的需求。其特征是自发性的、集中处理问题、自立的、有不断的新鲜感、幽默感、浓厚的兴趣、不受束缚的想象力、反潮流精神、创造力、讲民主的性格。

马斯洛认为人们对这些需求的要求强度是有顺序的。例如，基本生理需要既然是最根本的需要，这一类需要必须首先得到满足。只有当这些基本的生理需求得到满足后，人们的需求才会向更高层次发展。在马斯洛看来，只有当人们的所有其他需求得到满足后，才会产生自我实现的需要。人们将优先考虑未得到满足的较低层次的需求，而未得到满足的较高层次的需求则相对较后考虑；较低层次的需求得到满足后才会演化为向更高层次需求的要求。

马斯洛的需求层次理论属于激励理论中的分层理论，是和传统经济学理论大相径庭的激励理论。该理论在以下三方面具有深远影响：第一，马斯洛的需求层次代表了完全非经济学的需求排列。如若员工对经济方面的激励没有反应，经理人可以考虑采用其他的方式激励员工。第二，马斯洛的理论为不同场合对员工们采用不同的激励方式提供了解释。刚刚开始工作的新员工，对更低层次的需求会更关注，如生理和安全需求。随后，当这些需求得到满足后，员工的注意力会转向对更高层次需求的追求，如获得同事的接受和敬重。第三，马斯洛的需求层次解释了不同员工需要不同激励方式的现象。尽管每个人的需求层次都一样，但在某一时间、地点，每个人都可能处于不同的需求层次，这取决于当时他们哪些需求已经得到满足，哪些需求没有得到满足。

虽然之后的实证研究表明，一个人的需求不一定是先满足低需求再满足高需求，但是该理论指导意义非凡。

2. 双因素激励理论

赫茨伯格的双因素激励理论，如图 5-4 所示。

```
· 保健因素              · 激励因素
  －公司政策和管理         －工作本身
  －技术监督             －认可
  －薪水                －提升
  －工作条件             －成就
  －安全以及人际关系        －责任
                       －长期激励
```

图 5-4　双因素激励理论

激励的另一个满意理论就是双因素激励理论（也叫双因子理论）。该理论起源于弗雷德里克·赫茨伯格对 200 名白领工程师和会计师的研究。与其他激励的满意理论不同，双因素激励理论建立在影响工作满意度（而非需求）的基础上。

赫茨伯格将影响人们工作态度的因素分为两大类，其中使员工感到极端不满意的因素为保健因素，如：公司政策、人际关系、工作条件、职位、薪金等；而使员工感到非常满意的因素则是激励因素，包括个人的成就、上级的认可、工作本身、个人发展前途、晋升等。

需求的双因素激励理论特别适用于工作环境下的满意度。双因素激励理论提出决定员工对工作满意和不满意的因素是不同的。根据该理论，当工作环境无法满足员工的基本需求时，员工就会不满意，该理论中将其定义为保健因素。当员工为自己的工作保障或基本报酬而担忧时，他们无法将注意力集中在任务上，因而也就无法做好一项工作。然而，满足了这些保健因素并不能使员工满意，仅仅是阻止不满意的发生。要取得满意必须依靠另一个因素——激励因素，这一因素包含了给予成功的机会、责任，以及对工作的认同。

在双因素激励理论中，赫茨伯格提出了一系列新的观点。

（1）对传统的关于满意和不满意的定义做出了修正

通常，人们认为，满意的对立面就是不满意，但赫茨伯格的统计表明，实际上这是不对的，他认为：满意的对立面不是"不满意"，而是"没有满意"，相应地，不满意的对立面也不是"满意"，而是"没有不满意"，两者只是量上的差异，并没有本质的区别。

当缺少保健因素，员工会感到非常不满意；当具备保健因素时，员工就会没有不满意，但并不会感到满意；当具备激励因素时，员工会感到满意，一旦没有激励因素，员工只是没有满意，但并不会感到不满意。所以，即使满足了保健因素，消除了工作中的不满意因素也并不必然会增加员工对工作的满意程度。

（2）领导者应该使被称为激励因素的那部分员工的需要得到满足

企业不具备保健因素将引起员工不满，当其具备时却并不一定可以调动员工较高的积极性。企业具备激励因素可以使员工获得满足，但缺少激励因素不会像缺少保健因素那样引起员工强烈的不满。赫茨伯格认为：导致员工对工作满意或者不满意的因素是完全不同的。领导者如果仅仅致力于消除员工不满意的保健因素，那只能减少员工的不满意，可以安抚员工，为企业带来平静，却也仅此而已，并不能对员工起激励作用。如果想有效地激励员工，还得从工作本身出发，采取内部奖励的方式，强调成熟、责任、晋升以及工作往往比强调人际关系、工作环境的改善、增加员工工资等措施有效得多。

（3）激励因素起源于工作本身，是以工作为核心的

激励因素是员工工作时发生的，工作本身就是给员工带来满足感，是调动员工积极性的有效方法。因为人的一生工作时间只有 40 多年，如果从事一份能够体现个人价值感和意义感的工作，是很美好的。

阿里巴巴将员工的工作状态分为三类。

- 第一类：工作是为了薪水。
- 第二类：工作是为了兴趣和爱好。
- 第三类：工作是为了价值实现和社会贡献（工作是对工作的奖赏）。

第一类员工把工作只当作是工作，为了养家糊口，工作一天赚一天的钱，会很排斥加班；第二类员工把工作当作兴趣，即使没有钱也愿意做；第三类员工赋予了工作使命和意义，通常工作时能够帮助更多人，工作起来会更有动力。这三种工作状态是层层递进的。

两类因素不能混淆，例如调整薪酬，如果按照固定时间和幅度来调，很短时间内就会对员工失去激励的作用。但如果设置为绩效奖金，只要员工做得好就有奖金，员工会有更大的成就感及认可感，激励的效果也会更明显。

（4）需求层次理论和双因素激励理论的关系

需求层次理论和双因素理论的关系，如图 5-5 所示。

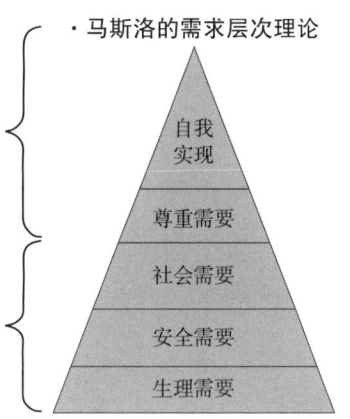

图 5-5　激励需求理论

3. 公平理论（美国心理学家斯塔西·亚当斯于 1963 年提出）

用公平关系式来表示。设当事人 a 和被比较对象 b，则当 a 感觉到公平时有下式成立：

$Op/Ip=Oa/Ia$

其中：Op——自己对个人所获报酬的感觉

Oa——自己对他人所获报酬的感觉

Ip——自己对个人所做投入的感觉

Ia——自己对他人所做投入的感觉

当上式为不等式时，也可能出现以下两种情况。

（1）Op/Ip<Oa/Ia

在这种情况下，他可能要求增加自己的收入或减小自己今后的努力程度，以便使左方增大，趋于相等；或者他可能要求组织减少比较对象的收入或者让其今后增大努力程度以便使右方减小，趋于相等。此外，他还可能另外找人作为比较对象，以便达到心理上的平衡。

（2）Op/Ip>Oa/Ia

在这种情况下，他可能要求减少自己的报酬或在开始时自动多做些工作，久而久之，他会重新估计自己的技术和工作情况，最后他认为自己确实应当得到那么高的待遇后，产量便又会回到过去的水平。

除了横向比较之外，人们也经常做纵向比较，只有相等时他才认为公平，如下式所示。

Op/Ip=Oh/Ih

其中

Op——对自己报酬的感觉

Ip——对自己投入的感觉

Oh——对自己过去报酬的感觉

Ih——对自己过去投入的感觉

当上式为不等式时，也可能出现以下两种情况。

（1）Op/Ip<Oh/Ih

当出现这种情况时，员工也会有不公平的感觉，这可能导致员工的工作积极性下降。

（2）Op/Ip>Oh/Ih

当出现这种情况时，员工不会因此产生不公平的感觉，但也不会觉得自己多拿了报酬，从而主动多做些工作。调查和试验的结果表明，不公平感绝大多数是由于员工经过比较，认为自己的报酬过低而产生的。但在少数情况下，也会由于经过比较认为自己的报酬过高而产生。

（二）靠谱的激励措施

1. 目标激励

通过推行目标责任制，使企业经济指标层层落实，每个员工既有目标又有压力，进而产生强烈的动力，努力完成任务。

目标激励是最有效的激励措施，人们工作的目的是为了实现自我价值，而自我价值最终的实现体现在长期的人生目标和短期的阶段性目标上。企业发展追求战略目标，个人发展追求个人战略目标。所以企业业务领导者们务必要把所在单位和团队的目标设定好，把考核标准制定得严格、科学一些，保证个人在达成目标的同时，实现个人职业目标。

目标激励的内容，在第 3 堂课"要求人"章节里已经做了详细的讲解。要求业务领导在安排下属工作岗位和工作任务的时候，一定要结合下属个人职业发展路径来设置，才能保证企业和员工双赢。

2. 示范激励

通过各级主管的行为示范、敬业精神来正面影响员工。榜样的力量是无限的，华为有各种榜样人物，海尔有各种标杆人物，他们的示范性是企业文化和价值观的根本所在。

己所不欲，勿施于人；人所欲，施于人。公司企业文化的建设如此，部门的管理动作也是如此。像笔者在前面章节提到的行为：会做的工作自己做，不会做的工作派给下属做，是有高风险的。实际最终的结果只能是，他们部门第一年火爆，第二年崩盘，部门的员工纷纷选择了离职或调岗。

部门内不要建立基于企业文化的亚文化，文化要想落地，靠的是制度文化。而制度要推行下去，需要部门领导以身作则才行。领导要求员工每天早来晚走，首先自己能做到，要不然上行下效，到最后什么也做不好。

3. 尊重激励

尊重各级员工的价值取向和独立人格，尤其尊重企业中的小人物和普通员工，达到一种知恩必报的效果。

人一旦做了领导，不自觉地就会觉得高人一等，尤其是感觉自己的下属必须服从命令听指挥，哪怕是瞎指挥也要听，这是很有问题的。一次两次可以，久了就不行了。马斯洛的需求层次理论的第四层是尊重的需要，如果不能给予下属足够的人格尊重，下属对团队和公司的归属感是很弱的。

领导要关心员工的工作和生活，如建立员工生日情况表，总经理签发员工生日贺卡，关心员工的困难，慰问或赠送小礼物，把对员工的关心和尊重建立在日常的工作和生活中，夯实基础。

4. 参与激励

建立员工参与管理，提出合理化建议的制度和职工持股制度，提高员工主人翁意识，让员工当家做主。

华为的控股权大部分是在大约占公司员工总数 30% 的奋斗者手里的，而公司老板任正非只有不到 2% 的股份。很多企业老板都强调让员工当家做主，可是真正能把公司 50% 以上的股份分给员工的企业很少。那么所谓的让员工以公司为家的要求就显得特别虚伪，因为遇事的时候，背后的大老板还是一言堂，收益分配也是股东和高管把持，员工根本没有参与的感觉。

合理地建立员工参与管理，提出合理化建议的制度和职工持股制度，在适当的情况下推行这些制度和措施，持之以恒，一支铁军就会逐步成型。空喊口号的企业太多了，不给员工参与机会，不把员工拉上船，公司的发展就始终会是老板着急、大家看热闹的局面。

5. 荣誉激励

对员工劳动态度和贡献予以荣誉奖励，如会议表彰、发给荣誉证书、张贴光荣榜、在公司内外媒体上宣传报道、家访慰问、浏览观光、疗养、外出培训进修、推荐获取社会荣誉、评选星级标兵等。这些荣誉貌似没有什么作用，实际不然。有很多企业都在做，但是做得不走心，也就真的没有起到任何作用。做这些工作的时候，一定要有仪式感，要跟企业的使命、愿景和价值观结合，这样才会越做越有意义，越做越有价值，不走心的荣誉激励是负激励。

这一点海尔就做得很好，这些发明都是以海尔员工的名字命名的：云燕镜子、晓铃扳手、启明焊枪、伍雷操作法、申强挂钩、魏小娥边角料收集箱、峰远过渡轮、姚鹏支撑台、秀凤冲头、李勇冰柜、素萍支架、马国军垫块、天佑圆锯、孟川三通阀、红云测试台等。

6. 竞争激励

提倡企业内部员工之间、部门之间的有序平等竞争以及优胜劣汰。

笔者曾经在一家连锁经营的企业做过人力资源总监，企业在激烈扩张期的时候，曾经出现过一条商业街同时有本公司三家店面的情况，这三家店当然属于三个事业部。自家的三家店为了生存展开了激烈的竞争，同行业的友商想加入进来是很困难的。所以，有效激励竞争，多团队同业并进，很容易打造狼性团队。

7. 物质激励

增加员工的工资、生活福利、保险，发放奖金、奖励住房、生活用品、工资晋级。

员工离职大多数有两个原因：心受伤了和钱不够花了。如果企业硬性的物质待遇没有竞争力，那么想留住高效的经理和员工是很困难的。

笔者每次在和企业领导沟通的时候，他们都会问以下的问题。

- 怎么才能不涨工资把核心员工留住？
- 怎么在薪酬没有优势的情况下，招聘到高水平的人才？

不排除例外情况，但真正能做到低薪留人的企业真的非常少。如果企业现有员工低于同行业水平，业务领导者首先要做的工作不是招聘，而是想方设法把现有人员保留住，要善待当下的员工，多做辅导和激励的动作。

8. 信息激励

有效地交流企业、员工之间的信息，进行思想沟通，如信息发布会、发布栏、企业报、汇报制度、恳谈会、经理接待日制度。

有个调查结果很有意思，见下文。

管理者认为下属最需要的行为

·好的薪资水平。

·工作的安全性和获得提升的机会。

下属最需要的管理行为

·受到欣赏。

·能够了解正在发生的事情。

由此可见，领导和下属对下属需要的管理行为的理解存在很大的不同，这就是领导者需要改进的地方。而信息的沟通传递是下属最需要的管理行为，传递方式有很多种，企业可以根据自身的情况搭建。业务领导者务必要重视正式的和非正式的沟通渠道的搭建，把信息传递到位。

9. 处罚

处罚属于负激励。对犯有过失、错误，违反企业规章制度，贻误工作，损坏设备设施，给企业造成经济损失和败坏企业声誉的员工或部门，分别给予警告、经济处罚、降职降级、撤职、留用察看、辞退、开除等处罚。

以上 9 项属于规范组织的正常手段，建立这样的规范不难，难在执行过程中能否始终如一。

（三）需要把控的激励原则

企业的活力，源于每个员工的积极性、创造性。由于人的需求的多样性、多层次性，动机的繁复性，在调动人的积极性上，也有多种方法。

领导要综合运用各种动机激发手段，使全体员工的积极性、创造性，企业的综合活力，达到最佳状态。

1. 激励员工从结果均等转移到机会均等，并努力创造公平竞争环境

2. 激励要把握最佳时机

· 需在目标任务下达前激励的，要提前激励。
· 员工遇到困难，有强烈要求愿望时，要给予关怀，及时激励。

3. 激励要有足够力度

· 对有突出贡献的员工予以重奖。
· 对造成巨大损失的员工予以重罚。
· 通过各种有效的激励技巧，达到以小博大的激励效果。

4. 激励要公平准确、奖罚分明

· 健全、完善绩效考核制度，做到考核尺度相宜、公平合理。
· 克服有亲有疏的人情风。
· 在提薪、晋级、评奖、评优等涉及员工切身利益热点问题上务求做到公平。

5. 物质奖励与精神奖励相结合，奖励与惩罚相结合

· 注重感化教育，西方管理中"胡萝卜加大棒"的做法值得借鉴。

6. 推行职工持股计划

· 使员工以劳动者和投资者的双重身份参与公司建设，更加具有关心和改善企业经营成果的积极性。

7. 构造员工分配格局的合理落差

·适当拉开分配距离，鼓励一部分员工先富起来，使员工在反差对比中建立持久的追求动力。

（四）人才类别与激励

1. 人才模型

人才模型如图 5-6 所示。

低意愿 高能力	高意愿 高能力
低意愿 低能力	高意愿 低能力

图 5-6　人才模型

2. 激励对策

（1）高意愿、高能力

这是企业最理想的杰出人才。基本对策是重用：给这些人才充分授权，赋予更多的责任。

（2）低意愿、高能力

这类人才一般对自己的职位和前程没有明确目标。对这类人才有不同的应对方向。

①**挽救性**

不断鼓励、不断鞭策，一方面肯定其能力和对其的信任，另一方面给予其具体目标和要求。必要时在报酬上适当刺激。特别要防止这些"怀才不遇"人才的牢骚和不满影响到企业，要与他们及时沟通。

②勿留性

对难以融入企业文化和管理模式的人员，干脆趁早辞退。

（3）高意愿、低能力

这是较常见的一种，尤其是对年轻人和新进员工。企业要充分利用员工热情，及时对他们进行系统、有效的培训；提出提高工作能力的具体要求和具体方法；调整员工到其最适合的岗位或职务。

（4）低意愿、低能力

对这类人才有不同的应对方向。

①有限作用

不要对他们失去信心，控制所花时间，开展小规模培训；激发其工作热情，改变其工作态度，再安排到合适岗位。

②解雇辞退

三、激励的工具：赞赏

领导力大师詹姆斯·库泽斯和巴里·波斯纳所著的《激励人心：提升领导力的必要途径》里有一段描述很有意思：我们对于员工流动的调查发现，人们选择离开的最主要的原因就是他们得到了"很有限的表扬和认可"。当问到他们认为他们的管理者应该发展哪项技能以使管理工作更加有效的时候，员工将"对他人的贡献给予认可和感谢的能力"放在了列表的首位。

无独有偶。1949 年，林达尔有一项非常著名的研究，即要求员工们对给予他们的无形奖励评定等级，然后，要求他们的管理者就他们认为的员工们所需要的无形奖励进行等级评定。

在员工们的回答中排位最高的是：感到受到欣赏和能够了解正在发生的事情。员工需要被倾听，而这些员工的管理者们认为这些员工们所需要的是什么呢？他们认为员工会将好的薪资水平、工作的安全性和获得职位提升的机会放在前面。实际上，绝大多数的管理者不知道他们的员工很重视被欣赏、了解事情以及被倾听的感觉。

你也许会说："那是在 1949 年的事情了。从那以后，许多方面都发生了重大的变化。"的确，现在有许多事情都发生了很大的变化。但是，也有许多没有发生变化。林达尔在 20 世纪 80 年代的管理者和员工中间重复了他的研究，在 20 世纪 90 年代又重复了一次。每次结果都是一样的。

所以，业务领导者要学会赞赏员工。下面把赞赏这个工具详细地讲一讲。

（一）赞赏的益处

1. 每个人都需要得到赞赏和肯定

Q12 测评法中提到员工每周都希望因为工作表现出色被表扬一次，企业需要想尽各种方式表扬员工，例如前面介绍的海尔以员工姓名命名新发明。

2. 赞赏能使我们对自己的工作产生自豪感

即使工作内容很简单，如果员工能够获得上级领导的赞赏，他们会觉得工作做得很有价值，会有存在感。例如前章节提到的司机的案例，领导的赞赏让他感受到自己平凡的工作与企业的使命、愿景、战略是连接起来的，重新赋予工作新的意义。司机工作起来会充满着使命感，因为他做的工作是在帮助企业实现战略目标。而这种自豪感很容易增加员工对企业的忠诚度，其他公司即使涨薪 20% 都挖不走。如果手头的工作产生了意义，对员工来说是很有成就感的，也顺应了个人价值感的发展。

3. 赞赏能激发工作热情和奉献精神

记住一句话：好孩子都是夸出来的，好员工是表扬出来的。不要整天盯着员工的脚后跟，要在前引导他们。

4. 赞赏能建立员工对企业的忠诚

上级领导经常夸赞员工会提高员工对于企业的认同感。员工能够直接接触企业老板的机会少之甚少，那么上级领导对他而言就是老板，代表着公司。人们都喜欢跟认同自己的朋友走在一起，员工更喜欢跟随能看见他们做出的贡献的领导者。

5. 使员工不再感到自己无足轻重

当这些规范性动作被领导反复做了之后，员工会感受到领导心里是装着他们的。领导肯定了他们对于企业的重要性，认为员工不是可有可无的角色，员工自然也会更好地投入到工作中。即使是日复一日、简单重复的工作，也会在领导者的赞赏中变得有意思起来。

6. 能促使员工全力以赴

当领导和下属建立起信任关系后，员工会不自觉地把工作的事当作自己家的事那般重要。工作意愿自然而然地就被激发了出来。

7. 能改善彼此关系

笔者曾经工作过的一家企业启动过 PMP 项目（"拍马屁"项目），同事见面时先夸夸彼此，这一行为很好地拉近了同事间的融合度，即使双方出现了矛盾，也不会说翻脸就翻脸。

8. 不占用更多的成本

表扬员工所付出的成本只有通过表达散发的热量而已，可以说是零成本。

（二）赞赏的方式

赞赏分为两种类型：表扬和奖励，如图 5-7 所示。

·表扬
- 倾向于自然流露
- 任何人在任何时候都可以给予
- 不太正式
- 通常不采用现金形式
- 经常用
- 无限制：用之不尽

·奖励
- 倾向于有计划的、有组织的行为
- 必须按照制度执行
- 更加正式
- 通常采用现金形式
- 较少用
- 有限制：可耗尽

图 5-7　赞赏的方式

1. 表扬

表扬是一门技术，可以通过练习不断提升；表扬也是一门艺术，要倾向于自然流露，真心觉得员工做得好，这样对方听到也会觉得更真诚，不做作。

任何人在任何时候都可以给予，例如表扬上级、下级、平级，任何场合都可以。表扬最好不要太正式，例如领导看到下属后说一句："兄弟，最近瘦了啊！"员工听完会很开心。表扬通常不采用现金形式，而是称赞员工某项事或某些行为，例如在部门例会上的发言很有逻辑性等。

表扬要经常用，没有任何限制，是用之不尽的激励方式。

2. 奖励

相对于表扬，奖励更正式。倾向于有计划的、有组织的行为，必须按照制度执行，例如，每半年或一年企业会评选优秀员工奖、突出贡献奖、创新达人奖等。奖励一般会有完整和详细的流程、制度，要有仪式感，比如企业大领导现场颁奖等。

奖励通常采用现金形式，有成本。较少用，有限制。是可耗尽的激励方式，例如，优秀员工一旦天天评选，就完全失去作用了。

总而言之，表扬要勤用，奖励要慎用。

（三）赞赏的原则

1. 赞赏要具体，一定要说具体的事件

例如，领导对下属说："昨天你在招待客户时的表现非常好，客户已经与我们达成了合作意向，这和你的努力是分不开的。"如果只是简单夸赞员工做得不错，等于没夸。

2. 赞赏要善始善终，结尾不要批评对方

例如，不要出现"但是，可是，我还要多说一句"等类似的话，这样会给员工留下一种印象：前面所说的表扬都是为批评做准备的。

3. 赞赏要记录备案

贴在布告栏上或 OA 上，公之于众，要及时传达企业大领导对于赞赏的意见。

4. 寻找各种机会赞赏员工

一要及时，如果员工今天做出了某个行为，领导三个月后才提出表扬，这反而会让员工觉得领导不重视自己；二要真诚，表扬的时候看着对方的眼睛。

（四）当面表扬的四部曲

1. 行为

具体明确地指出员工的哪个、哪些行为备受称赞，并说出受称赞的行为的细节。这样其他员工学习起来也知道该学习什么。

2. 品质

说明这些行为反映了员工哪些方面的品质，这些品质哪些符合企业价值观的要求。

3. 结果

这些表现所带来的积极结果和影响。

4. 期望

分享喜悦的感受，提出积极的期望。

举个例子，部门老李签了 1000 万元的大单，而本部门年度的目标就是 1500 万元。领导该如何表扬？

早上老李来到公司，一进领导办公室，领导立刻起身迎接，走过来和老李握手道："老李，辛苦了，这个项目能拿下特别重要！听说你经常和客户喝酒，一喝就一斤，你实在的性格得到了客户的深度认可，因为客户单位一直有酒文化。而你的行为也体现了咱们公司一直奉行的品质，为了公司的利益竭尽全力。咱们整个部门全年的任务指标是 1500 万元，你一个人一单就拿下 1000 万元，年底要给你发超额奖金。公司总部也知道了你的业绩，说你给业务部门的同事树立了很好的典范。今天你就先回家好好休息，昨晚听说你又和客户喝酒了，我让我的司机把你送回去，晚上我订个高档饭店，我们部门一起为你好好庆祝庆祝。"

等老李准备离开办公室前，领导还要再跟他握手，说道："以后我们部门的业务还需要你多做贡献啊！"

这就是当面表扬的四部曲：行为、品质、结果和期望。

（五）赞赏员工的十大心法

1. 领导的行为就是最大的激励资源

领导说的和做的要一致，员工一般对领导是"听其言、观其行"，如果领导总出现言行不一致的情况，下属会越来越瞧不上领导。而如果业务领导者言行一致，事事做出表率，那就可以产生比较强的跟随效应。

2. 赞赏和关心要发自内心

领导对下属的所有赞赏和关心都应是真心实意，如果领导认为下属不合适，可以请他离开公司，但不能赞赏得不真实。领导不仅要把下属带出来，还要激励他们。例如，阿里巴巴的基层三板斧：第一板斧是定目标，团队领导和员工一起定团队目标，团队定出的目标一般都高于上级领导制定的目标；第二板斧是带团队，包括辅导和激励，团队领导既要让下属赚到钱，还要把下属的能力培养成跟自己一样强甚至更强；第三板斧是招人、开人，下属是团队领导招的，同时根据"271 原则"淘汰不适合的员工。

赞赏和关心必须是发自内心，否则就是虚情假意，与其那样，还不如没有。如果真的对某些员工不满意，那么请其离开团队就好了。

3. 重新界定出色：结果与过程并重

只重视结果，员工可能会蛮干，甚至做出违背企业价值观的行为。关注过程即在员工实现目标的过程中，及时跟踪和监督，以确保目标的达成，但不代表要事无巨细。所以既要赞赏员工取得的工作成绩，又要表扬员工工作过程中良好的表现。

4. 区分表扬和取悦

无论是上下级之间还是平级之间，表扬是真心觉得对方做得不错，而取悦是为了获得对方的好感。取悦的本质还是有求于人。

5. 表扬与奖励并用

既要有口头的表扬，也要有物质的奖励。

6. 不吝惜你的关心

对下属不关心的领导者是没有领导力的，最多也就是一名管理者。因为领导力的源点是员工，是建立在影响力基础上的跟随行为。

7. 表扬因人而异

不同人的喜好方式也不同。例如，有的员工形象好，并且也很在乎自己的形象，上级领导就可以多夸赞其帅气、瘦了、漂亮等；有的员工形象一般，那就要多夸他有才华。

8. 表扬不是让你变成另外一个人

有些领导平时对员工很严厉，在工作情境中使用表扬的技术，可能会表现不自然，或者跟平时风格迥然不同，会让下属感觉领导是不是有问题。

所以表扬也是一门技术，需要慢慢掌握。

（1）表扬是经理的执业行为

表扬是员工的上岗证。表扬员工是领导应该做的事，不受领导心情影响，无论领导心情好与不好，员工只要做得好就要表扬。不会表扬的业务领导者是不称职的。

（2）表扬无处不在

正式场合和非正式场合都要表扬。如果员工业绩好，那就奖励和表扬一起使用；如果业绩一般，那表扬员工"瘦了"就好。

四、激励的四个原则

激励有四个原则，如图 5-8 所示。

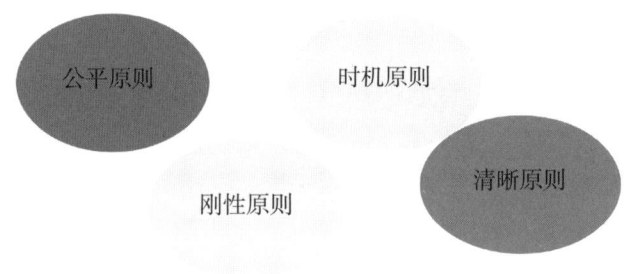

图 5-8　激励的原则

（一）公平原则

1. 特定目标与特定激励相适应

公平的评判本身是一个相当复杂的问题：是以工作成果的数量和质量，还是按工作中的努力程度和付出的劳动量？是按工作的复杂程度、困难程度，还是按工作的能力、技能、资历和学历？不同的工作方法会得到不同的结果。所以最好的评价应该是按特定的工作目标（复杂、难易程度划分不同的职责）、努力程度和付出的劳动量的不同，结合工作成果的数量和质量，用明确、客观、易于核实的标准来衡量，再与特定的激励相配合，这才能体现公平。业务领导者一定要协助公司针对本部门实际，建立一套公正的评价体系，从而形成良好的激励体系。

2. 规则公布于前

对绩效的评估结果及与之相应的激励都要在实施之前做好充分的准备，并在公布之前让员工有一定的了解，其中包括评估的标准、评估的方法、评估人、评估条件等，以及相应的激励方法、激励措施、激励标准、激励范围等，若能组织员工进行讨论并提出建议和措施则更佳。

（1）及时解释和说明

规则公布之后若员工有什么问题要尽可能地解释清楚，在规则执行过程中，若员工有疑虑，更要及时说明问题的原因及制定的条件等，规则执行后员工有抱怨不要置之不理。

（2）为下属确立比较的参照物

下属"比"的参照物很多：同事、其他部门、其他公司、自己过去的情况等。领导应引导下属关注自身的工作目标，关注公司的政策。

（二）刚性原则

1. 激励只能上，不能下

物质上的激励只能是物质利益的不断提高和增加，精神激励的方式也只能是档次的上升、水准的提高，而且一旦下降或减少则以往的激励效果也将失去作用。

2. 激励具有"抗药性"

一种方法用几次就不管用了。人一旦满足了较低层次的需求，就会立即追求较高层次的需求。有些需求，如自尊、权利、自我发展，是永不满足的。

3. 激励资源的有限性

公司的激励资源，无论是物质上还是精神方面都是极其有限的，不是取之不尽、用之不竭的。由于激励资源的有限性，领导一方面要合理有效地使用可用的资源，另一方面也要不断开发和创新激励资源。

4. 激励的效果是有限的

一方面，每一次激励不需要耗尽所有的资源，有时一个小小的激励就够了，不需要大张旗鼓，但是另一方面，不管动用多少资源，激励的效果也是有限的，不能设想你一旦使用资源后，其作用就是万能的或能解决所有问题。因此，必须善用你的激励资源，使之发挥出最佳的效果。

所以，激励的力度只能是先弱后强，先小后大。不能将激励的资源一次用完，也不能将激励的资源只用于一个人。

（三）时机原则

时机原则就是在恰当的时机实施激励，或者在不当的时机不实施激励。激励的时机原则是业务领导者在适当的时机和场合给予下属适时、适当的激励，使激励的作用发挥最大、激励的效果最佳。不能有年终情节。

恰当的时机有以下几个。

- 在上次表扬的一段时间后再表扬。
- 在下属最渴望某种需求时能适时地满足他。
- 在气氛最佳时表扬他。
- 不要在人们把一件事快要忘记时才去激励。
- 灰心丧气时给予激励。
- 加薪之后不宜马上又加薪。
- 没有晋升时公布晋升的规则。
- 在正式场合公布重要决定。

（四）清晰原则

清晰原则的要点有以下五个方面。

1. 对象清晰

奖励谁一定要清楚，有些公司做股权激励的时候，居然做得鬼鬼祟祟的，谁被激励还保密，把好好的一个正向激励做成了所有人都不满意的负面情绪爆发平台。

2. 标准清晰

标准要一目了然，不能含混不清。尤其是绩效激励这样刚性的制度，一定要表述得清清楚楚，不能变成无休止的扯皮，让上下级因为标准不清晰而反目。

3. 内容清晰

激励的内容是什么、为什么激励、何时激励以及激励的力度有多大，这些都要表述清楚。

4. 透明度及共识性

激励的制度流程要在公司内部做充分的研讨，达成共识。让业务领导者和全体员工都有主动保护制度执行的冲动。

5. 实施细则

实施细则类似于操作规范，一定要写清楚，研讨明白，踏实可靠。

五、知识型员工的激励

（一）知识型员工的特点

企业中的知识型员工与非知识型员工相比，本质区别在于前者拥有知识资本这一生产资料，也就是说知识型员工是知识所有者，他与资本所有者一样，具有对所谓剩余价值的索取权。而后者在生产要素中仅处于劳动力的地位，与知识型员工以生产资料的拥有与投入而获得的剩余价值有质的区别。

知识型员工除了这一根本特性外，其特征还体现在以下四个方面。

1. 知识型员工职业的独立性

知识型员工凭借自己的知识和能力，不但可以对组织有较大的选择性，而且可以自创公司或者成为个体知识工作者，因此知识型员工对组织的依赖性明显低于普通员工，职业流动性也随之增大。这也是知识型员工对组织的忠诚度不断下降的主要原因。难于留住知识型人才已成为企业的一大通病。

2. 知识型员工工作的自主性

越是知识需求和技术含量高的工作，越显示其工作的个性化。知识型员工的工作最具创造性，对新知识的探索、对新事物的创造过程，主要是在独立、自主的环境下进行。企业如何给知识型员工创造一个宽松的工作环境，给予其一定的自主、自治权，已被看作激励知识型员工的一方面。

3. 知识型员工人力资本的投资性

知识型员工要跟上日益更新发展的科学技术，除工作实践外，还必须不断学习和培训，以保持其能力和价值，企业在这方面进行必要的人力资本投资，具有较强的激励意义。

4. 知识型员工的需求个性化

由于知识型员工的教育程度、工作性质、工作方法和环境等与众不同，他们形成了独特的思维方式、情感表达和心理需求，特别是随着社会的不断进步，知识型员工的需求正朝着个性化和多元化发展，需求层次变得日益无序。

（二）建立知识型员工激励体系

1. 企业层次对知识型员工的激励

（1）知识的资本化激励

企业可以建立知识资本化激励制度，有条件地以股权形式分配给员工不同比例的股票：对拥有核心知识能力的员工，可以以技术入股的方式给予技术价值的承认；对知识型管理方面的员工，可用管理入股的形式鼓励其工作积极性。

（2）为员工建立多重职业发展路径

知识型员工职业发展的方向通常有横向和纵向两种：横向指跨越专业边界的运动，有助于扩大员工的知识面，开阔眼界，为进一步深入精通本专业打下坚实基础；纵向即沿着企业等级层系跨越等级边界，获得较高职务或职称的晋升。如一些高科技公司为其知识型员工建立的多重职业发展路径，包括领导、科学家、工程师、职业经理等专业人员路径，甚至也包括学习机会、信息获取、薪酬晋升和工作范围扩大等。不论知识型员工选择哪种职业发展路径都能获得认可、鼓励和奖励。

（3）加强知识产权的保护

科学地进行知识产权保护，要处理好企业创新产品价值实现与知识型员工个人价值实现的关系。知识产权保护以保护企业成果为主，但作为企业组织成员的知识型员工个人创新价值的实现，是在企业知识创新成果保护的过程中实现的，保护企业成果就是保护员工个人的工作成果不被非法侵害。将知识产权保护与知识资本激励相结合，可以有效促进知识密集型产品的发展。

2. 知识型团队内部的激励

知识型团队是知识型员工实现自身价值、满足其物质和精神需求的重要载体，团队内部的激励措施对于增强知识型员工的归属感和忠诚度，具有重要意义。

（1）营造相互支持的团队氛围

由于成员的临时性、专业的差异性等原因，在知识型团队之间建立强烈互赖性的人际关系最大的挑战是彼此之间的信任和尊重。要确保能够得到这种信任和尊重必须做好三件事：容忍个性、善问领导、确保有足够的信息沟通。

（2）树立共享的团队目标

知识型员工的特点，决定了按既定方针办事，或控制他们用确切的行为原则办事的传统的团队管理方式，难以取得预想的效果。采取反复强调团队宗旨，使知识型员工理解他们贡献的价值并引起共鸣，从而引发为团队感到自豪并多做贡献的奉献精神。

（3）任用有魅力的团队负责人

这一点非常重要。知识型团队的负责人首先应该是一个技术专家，这样不至于犯技术上的低级错误；能够指导下属的专业工作；易于和在知识型团队中占大多数的知识型员工沟通，并在他们中树立威信；必须善于管理那些在某些专业知识方面超过自己的下属；要善于处理好专业水准与员工满意度之间的平衡，以及注重个人学习与引导团队成员学习之间的平衡。

职场感悟：绩效激励是一门技术，需要学习，不可以蛮干

华为内部倡导两句话

1. 人在半生不熟的时候，最上瘾。

2. 人在有备份的时候最勤奋。

鲶鱼效应

西班牙人爱吃沙丁鱼，但沙丁鱼非常娇贵，极不适应离开大海后的环境。当渔民们把刚捕捞上来的沙丁鱼放入鱼槽运回码头后，用不了多久沙丁鱼就会死去。而死掉的沙丁鱼味道不好、销量也差，倘若抵港时沙丁鱼还活着，价格就要比死鱼高出若干倍。为延长沙丁鱼的生命，渔民们想方设法让鱼活着到达港口。后来渔民们想出一个法子，将几条沙丁鱼的天敌鲶鱼放在运输容器里。因为鲶鱼是食肉鱼，放进鱼槽后，鲶鱼便会四处游动寻找小鱼吃。为了躲避天敌的吞食，沙丁鱼自然加速游动，从而保持了旺盛的生命力。如此一来，沙丁鱼就能活蹦乱跳地回到渔港。

这在经济学上被称作"鲶鱼效应"。

其实用人亦然。一个公司，如果人员长期固定，缺乏活力与新鲜感，容易产生惰性。尤其是一些老员工，工作时间长了就容易厌倦、懈怠、倚老卖老，因此有必要找些外来的"鲶鱼"加入公司，制造一些紧张气氛。当员工们看见自己的位置多了些"职业杀手"时，便会有种紧迫感，知道该加快步伐了，否则就会被替换掉。这样一来，企业自然而然就生机勃勃了。

华为的实践

华为实行全员导师制，做到事事有补贴，每人每个月的补贴大约500元。在华为人人争当导师，因为华为有个约定成俗的规定：如果你不做导师就没有晋升的机会。所以哪怕是新员工，入职华为后也会为了争取做导师的机会，而努力展现自我，努力拼搏。一旦失去了做导师的机会，那么在华为的晋升之路基本上就关闭了。

另外，华为会在"前线作战部队"的新团队中，优先晋升干部。主张"小改进大奖励，大改进只鼓励"的激励措施。所以在华为的年轻人会为了奖励和晋升努力拼搏。当然，如果个人做出成绩了，确实会有现金奖励

和职务晋升的兑现。这样就会激励不是特别成熟的年轻人努力拼搏，工作上瘾。这也就是华为内部倡导的：人在半生不熟的时候，最上瘾。试想一下，仅仅是因为拼了一把，努力了一次，就会有机会带团队，甚至是升职加薪，而不用去搞人际关系，年轻人哪有偷懒的道理。

另外，华为有比较严格的绩效考核制度。华为的绩效考核分为 A+、A、B 和 C 四大类。并且对于 C 有明确的要求，每个团队 C 的比例在 5%~15% 之间。华为的员工升职加薪会跟绩效考核成绩紧密挂钩，也就是俗称的"一C毁三年"：当年绩效考核成绩为 C，当年没有奖金，三年内不调薪，不升职。大家都知道华为全员的平均年薪在 70 万元左右，分红部分在 50% 左右。并且考核为 C 的经理和总监还会被调整岗位，这样就会给后备人员和新人提供了晋升的机会。华为的淘汰是真的淘汰，这样就会让在岗人员有紧迫感，也就是所谓的：人在有备份的时候最勤奋。

当然，淘汰人是有代价的。前段时间，华为清退员工 7000 人，引起了广泛议论，尽管华为将为此对员工的理赔金额达到了 10 亿元人民币。其中的原因，任正非解释说：对于一个企业而言，想要长远地发展下去，企业的员工不能太过安逸，否则公司的氛围会非常懒散，从而失去危机意识，在发展这么快速的时代，没有狼性般的竞争容易被社会淘汰。

182

第 6 堂课　评估人——肯定进步　面向未来

绩效评估是令大多数业务领导者头疼的事情，恨不得把这个事情直接丢还给 HR 去做，这是因为大的投入对绩效评估有很大的误区。试想一下：团队是业务领导者组建的，责任目标是业务领导者亲自安排给下属的，下属是业务领导者手把手辅导出来的，下属的工作意愿是业务领导者激发出来的。那么，如果公司制度没有过多的瑕疵，在绩效考评的时候，上下级之间应该对工作的成绩是有共识的。如果员工还不能接受的话，只说明一个问题：此人不是你的人而已。

　　本节课讲一讲评估人。

　　本章节学习内容。

· 绩效管理的 PDCA

· 业务领导者与 HR 的绩效职责分工

· 考核前的五项准备

· 完成绩效考核的四步

· 绩效结果的反馈

· 绩效改进

一、绩效管理的 PDCA

绩效管理的 PDCA 是指，Plan（计划），即绩效计划；Do（执行），即绩效实施与管理；Check（检查），即绩效评估；Action（处理），即绩效反馈面谈，如图 6-1 所示。

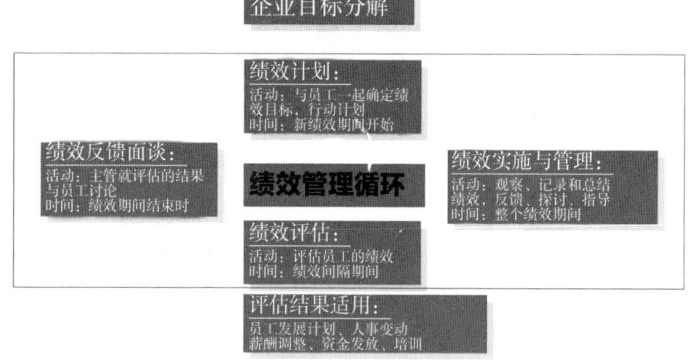

图 6-1　绩效管理的 PDCA

（一）绩效计划

绩效计划本质上就是日常的工作计划，如果把日常工作中重要的事项放在业绩考核表中，就形成了绩效计划。绩效指标设计出来后，先将公司的 KPI 指标分解到一级部门，再分解到二级部门，最后分解到岗位，紧接着将公司的目标和指标转化为工作计划，在时间维度上分解至季、月和周，这样操作，绩效管理即可落地。这些实际上是"要求人"的环节。

绩效计划阶段关注点包括：考核项目、权重、目标值、评价标准、考核人和数据来源（三级 KPI 体系设计模型可以参照笔者的《绩效管理的 8 节实战课》）。

员工只做领导考核的内容，而不做领导期望的事情，所以一定要首先明确考核的内容。国内大多数企业绩效不落地的根本原因就是绩效指标制定得不靠谱，总变来变去的。

明确考核项目的数量后，要将各个项目的权重标识出来，以保证员工工作的主方向不跑偏。但实际情况是，很多员工报上来的考核项目往往把表象的任务赋予了最高的权重，而核心业务只占不到 30% 的权重，所以领导者一定要严格把关。

目标值指的是每个目标在考核周期内要达到的数值是多少，也就是 SMART 原则中的可达到。一般指标分为两类，一类是必须达成的目标，另一类是愿景类指标，愿景类指标根据规定达成百分比即可。

评价标准就是评判工作达成的好坏，在企业刚导入绩效管理项目时，评分标准的制定所占的工作量基本能占到 50% 以上，考核项目能不能落地，目标值能不能达成，考核的是功劳还是苦劳，最终看的就是评分标准。如果企业按照 ABC 三个等级来考核，那么业绩考核表中的每一项考核项目都要分成 ABC 三等，如果不这么做，考核的往往是苦劳而不是功劳，所有人的考核结果都在 80 分以上，其乐融融，但目标没达成，老板会很不开心，后果很严重。

考核人是确定谁来考核，主要有上级考核下级、下级考核上级或 360 度考评。笔者建议上级考核下级即可，最多隔级调整一下。如果使用 360 度考评，结果往往分数最高的是公司的前台或司机岗位，因为这些岗位跟大家没有利益冲突。如果上级考核的权重只占 30%，上级还如何管理下属？如果上级领导的权重占到 70%，员工还有可能重视自己的直接领导吗？所以尽量不要 360 度全员参与，一旦全员参与就意味着没有人对考评负责。也尽量不要让下级考核上级，可以通过员工满意度调查或 Q12 测评法调查来了解业务领导者的团队管理情况，给其制造些紧张感即可。

数据来源要明确，KPI 指标的考核数据尽量从第三方获取，例如，公司的统计部门、财务部门、人力资源部门等，不要让员工或部门领导自己提供。KBI 指标一般是由上级领导提供的。也有些特殊岗位可能只能员工自己来提供，那就选择相信员工。

（二）绩效实施与管理

做好了工作计划之后一定要将计划付诸实施。在实施的过程中要观察、记录、总结绩效结果，反馈和指导绩效行为。绩效实施环节最大的工作量是辅导和激励员工，让员工在工作过程中既学到东西，又受到表扬，提高工作积极性，保证任务能够相对靠谱的达成。

绩效实施的关注点包括辅导员工、建立绩效台账（落地）。

这是由领导带着员工实施绩效计划的阶段，占整个绩效管理、整个流程工作量的 60%~70%，甚至更高，非常重要。员工不会干，领导要辅导员工；员工会干，领导要建立反馈跟踪机制；员工会干但不愿意干，领导要做员工激励工作，具体参照第四堂课和第五堂课的内容。

建立绩效台账，在绩效计划实施过程中，领导要注意收集数据，建立台账。KPI 指标好收集，有具体的数据，而 KBI 指标就需要在日常的工作中进行记录。例如，每周周报，月度总结会上都要跟员工交代清楚，这样在绩效评估时有理有据。

（三）绩效评估

在绩效周期期末的时候，进行绩效评估。将评估结果应用于员工发展计划、人事变动、薪酬调整、奖金发放和培训发展中。

绩效评估阶段的关注点包括客观、公正、以计划和结果为依据。

一般来说，考核计划是领导和员工一起制订的，考核实施阶段也是领导和员工一起完成的，对于绩效评估的结果，员工应该是认同的。如果出现员工不认同的情况，基本上这个员工就不是领导的人，当然这里需要强调的是领导是能够胜任的经理人。

绩效评估的时候，要将期初和期末计划的达成情况相匹配，不要拍脑袋，该得多少分就是多少分。如果希望调整分数，那就整个部门统一调整。

（四）绩效反馈面谈

绩效反馈实际上贯穿整个绩效管理的全过程，这里说的绩效反馈面谈，即绩效结果的反馈。反馈一下结果，让员工照照镜子，复盘员工上一个阶段的工作情况，做得好的表扬，做得不好的要改进，如何改进，上下级要达成一致。同时要结合企业和部门的目标，制订下个阶段的工作计划，做好员工的职业生涯规划。

绩效反馈阶段的关注点包括行为和结果、不评价性格、要有面谈方案。

绩效考核考察下属的两个方面：KPI 和 KBI。KPI 是结果，KBI 是行为效果。

不评价性格，性格是天生的，很难改变，可以向员工多宣传企业价值观，进而促使员工有意识地产生符合企业价值观的行为；也不考核能力，能力是测评出来的，能力的高低最终体现在绩效结果上。

绩效面谈方案要因人而定，要有套路，面谈不仅要谈工作情况，还要结合员工的职业生涯的成长路径，以关心员工成长的角度去谈，这样员工也更容易接受。

整个 PDCA 的过程贯穿着绩效沟通，不能丢项，每一项都很重要。

二、业务领导者与 HR 的绩效职责分工

如表 6-1 所示，根据绩效管理的不同阶段，即战略规划阶段、目标制定与分解阶段、KPI 指标设计阶段、绩效辅导阶段、绩效评估阶段、绩效面谈阶段、绩效结果应用阶段，来划分业务领导者和人力资源部门的责任，有分工和配合，企业的绩效管理工作才能到位。

表 6-1　职责分工

阶段	HR 责任	业务领导者责任
战略规划	·同公司最高管理者沟通绩效实施计划 ·制订详细绩效推进计划	·制定部门战略（策略）
目标制定与分解	·组织进行公司级目标分解 ·协助业务部门进行部门目标分解	·制定部门工作重点和目标 ·组织目标分解到各个员工
KPI 指标设计	·协助最高管理层设计公司级 KPI ·协助部门经理设计部门级和员工级 KPI ·整理 KPI 词典	·设计部门 KPI 指标 ·设计个人三级 KPI 指标
绩效辅导	·与各个业务部门经理沟通目标完成情况、遇到的问题，提示最高管理层进行绩效辅导 ·与员工沟通目标完成情况，与业务经理沟通辅导的实施情况	·提供员工完成任务所必需的有关资源 ·排除员工在完成任务中所遇到的障碍 ·检查、督导各个员工工作目标完成情况，给予员工适时的指导

续表

阶段	HR 责任	业务领导者责任
绩效评估	·设计评估流程和相关表单 ·组织实施公司级绩效评估 ·参与部门绩效评估过程（对于经理的评估能力尚未达到公司标准） ·对绩效评估结果进行汇总、签报	·自评 ·对下属绩效完成情况进行评价
绩效面谈	·组织实施公司级绩效面谈 ·参与部门绩效面谈过程 ·收集整理面谈记录和改进计划	·组织与员工面谈 ·制订员工改进计划
绩效结果应用	·协助总经理制定绩效结果与绩效奖金挂钩计划 ·落实绩效结果挂钩 ·处理绩效投诉	代表公司与员工沟通绩效考核结果

（一）业务领导者的绩效管理责任

在战略规划阶段，业务领导者需要基于公司的战略目标和年度计划制定部门策略。不同规模的企业，其部门职责也不同，规模小的企业，行政、人事、财务、商务统称为综合部，市场和销售统称为市场营销部，而规模大的企业各部门按照独立职责设置，不会过度合并职能。所以首先要弄清楚部门的职责有哪些，战略一定是基于职责去拆分的，非职责范围内的战略与本部门关联度不大。

在目标制定与分解环节，业务领导者需要结合部门策略和职责制定部门工作重点和目标，然后将部门目标分解到二级部门或具体岗位，先有目标后有指标。

KPI 指标设计阶段，业务领导者需要设计部门 KPI 指标，一般部门目标数量是设定 3~5 个，根据目标的情况设定衡量目标的 KPI 体系即可，然后将部门指标分解到二级部门或具体岗位。针对公司三级目标体系，企业内需要设计对应的 KPI 指标库。

绩效辅导阶段，业务领导者需要提供员工完成任务所必需的相关资源，同时排除员工在完成任务中所遇到的障碍；检查、督导各个员工工作目标完成情况；给予员工适时的指导。这也是业务领导者带着员工共同将绩效指标完成的过程。在岗的辅导和激励是最有时效的，员工通常都是通过干活练出来的。

绩效评估阶段，业务领导者需要组织员工做工作总结，并对下属绩效完成情况进行客观公正的评价。

绩效面谈阶段，业务领导者需要组织员工的绩效面谈，内容包括：绩效面谈前的准备。既要准备资料，也要设计有针对性的面谈方案，不能太随意；面谈的过程。面谈要有步骤、有套路，基本的步骤有七步，下文会细讲；面谈结束后要跟踪。如果没有跟踪，往往谈了也没什么作用，因为员工只作领导检查的工作。

在面谈的过程中，业务领导者引导员工提出改进方案，如果员工的方案能达到领导预期方案的 70% 的水平，那就按员工的方案执行，因为员工自己想出来的方案，执行起来也会更有积极性。

绩效结果应用阶段，业务领导者需要代表公司与员工沟通绩效考核结果，不同的结果对员工的绩效奖金、薪酬调整、晋升、评优等都有哪些影响，要和员工讲清楚。

实际上，业务领导者是绩效管理中的主力。

（二）HR 的绩效管理责任

基于公司的发展阶段和实际情况选择一个绩效管理工具。目前常用的绩效管理工具有四种：MBO、BSC、KPI 和 OKR，选择一个适合企业的。

选择了绩效管理工具后，主要是推动绩效管理的进程向前发展，例如，期初组织各部门提交绩效计划，期末做员工的面谈反馈。

同时，HR 扮演着内部绩效专家的角色。在绩效管理的 PDCA 整个流程中，业务部门领导都可能存在疑惑和困难，HR 要以开放的心态帮助业务部门解决问题。当业务部门来请教时，HR 要积极给出建议，如果 HR 也没有办法，要向绩效管理委员会或老板求助、商讨，只有这样，才能保证整个绩效管理有序进行。

每年绩效管理周期结束后，HR 基于公司绩效管理体系的运转情况，与各个业务部门的核心领导做面对面的沟通访谈，包括绩效执行过程中有哪些环节做得好，有哪些环节需要改进。和业务领导访谈结束后，还要做全员的绩效调查问卷，有需要调整和优化的部分一定要及时调整。

在绩效管理中，HR 的责任就相当于财务部门做财务预算管理的角色，起引导和辅导作用。

三、考核前的准备

（一）考核与工资发放挂钩

考核不被重视、员工不按照月度完成工作总结和员工自评、经理评价不及时、考核拖沓、持续时间太长、绩效工资发放延期，这些往往都会导致员工对绩效考核怨声载道，拒绝推进考核项目。

解决的方案有两种：一种是简化考核的过程，缩小业务领导和员工在考核工作上投入的时间和精力；另一种是将绩效考核与工资发放挂钩，将是否如期完成绩效考核评估作为发放工资的必要条件。

（二）收集数据，起草个人工作总结

在月度末，考核开始前，各个部门负责人要组织收集整理与月度考核有关的数据，作为考核的依据，同时根据个人承担的角色发送给本部门员工。

根据月度计划及个人实际完成情况，由各个员工自行完成月度个人工作总结，个人工作总结包括。

- 月度工作重点和目标。
- 月度工作计划变更及新增工作。
- 实际工作完成情况。
- 存在的问题和改进点。

工作总结完成后，员工要提交直接主管审核。为保证考核的有效性，避免员工重复工作，笔者建议将工作总结和考核表整合成一张表。

经验提示

如何让月度总结有效，而不是讲套话、俗话，最简单有效的办法是用 excel 写总结，而不是采用 word 方式。相比 word 方式，excel 表以二维方式展示，内容更直接，如表 6-2 所示。

表 6-2　某公司 HR 经理月度工作总结表

序号	工作重点内容（项目）	完成情况
1	上海 HR 系统上线	完成上海 core 数据导入和基本薪酬数据导入，公式开发中。
2	总部 2017 年干部述职及评估	完成总部 80% 人员的干部述职和评估。
3	总部 2018 年组织结构设计及竞聘	完成基本组织结构设计，编制未确定人员名单。
4	800 招聘计划	完成 800 招聘计划。
5	薪酬管理	完成总部薪酬设计逻辑方案编写。
6	东莞及沈阳分公司员工培训	支持东莞组织的广东三地员工培训。
7	2018 年新劳动合同签署	完成分公司组织结构设计、人员优化及新版劳动合同的签署。
8	出版公司首期报纸	完成首期报纸的出版印刷。

（三）确定考评关系，核定考核表

1. 确定考评关系

每月末，人力资源部门需要根据公司管理分工、组织结构变动来确定各类职位的考评关系，填写《考核关系一览表》，确定各个被考核者的直接主管和间接主管。《考核关系一览表》以人力资源部名义正式发布，作为考评关系的依据，见表 6-3。

表 6-3　《考核关系一览表》

序号	所属部门	被考评者	考核责任者	考核复核者
1		张三（招聘主管）	李四（HR 经理）	王五（HR 总监）
2				
3				
4				
5				
6				

2. 核定考核表

在每月考核前，人力资源部门需要根据各部门 KPI 指标设计情况，配合部门主管修正、核定各类职位的《月度绩效考核表》(见表6-4),并统一发布实施。

核定考核表的内容需要包括:确定并修正考核项目(根据月度实际工作进展与月度计划之间的改变进行调整);修改权重(如有必要)。

表6-4 《月度绩效考核表》(某公司办事处主任)

姓名		职位	办事处主任			上级评价
考核内容(结果、行为)		工作目标	权重	完成情况	得分	得分
绩效指标	销售计划完成率					
	新产品销售计划完成率					
	市场占有率					
	顾客有效投诉次数					
	市场覆盖率					
	新市场开拓目标完成率					
关键行为	信息反馈及问题处理的及时性					
	促销效果					
周边配合						
关键事件	对公司或部门有特殊的贡献,可加1~5分	总分				
	因工作失误造成公司或部门损失,减1~5分					
主管评价	考核结果:□S(杰出)□A(良好)□B(合格)□C(不合格)□D(极差)					

3. 如何进行权重分配

对于一个职位而言,不是所有的目标或者考核指标都是同等重要的,因此需要根据各项工作对于公司的重要性进行权重分配,以达到科学合理地考核。

设计权重最简单有效的方式是:通过二八理论来设计权重指标,即将权重总分设为100分,将考核项目中关键的三四项指标设计为80%权重,其他指标设计为20%权重,确定其他指标的具体分数。然后再确定80%权重的关键指标权重,找到核心的指标项目,设计40%~50%,其他项目再分解到30%~40%。

> **经验提示**
>
> 除非业务部门的工作内容非常固定，流程非常清楚，否则各业务部门的各个职位在每个月度关注的工作焦点和内容都不相同，因此需要业务领导者按照月度对各个考核项目的权重进行优化调整，以达到考核的真正目的。

4. 部门经理准备考核证据文档

在月度末，各个业务部门经理组织对本部门负责的数据进行整理、汇总，提供数据汇总表，确认后发送到各个部门员工处作为绩效考核的依据。

同时，各个业务部门经理根据考核项目，以及员工自评分结果，向各个员工提出有关证据汇总要求。

5. 考核前辅导

在考核前，HR需要组织各级管理人员、员工进行有关考评方法的培训辅导，特别是绩效刚刚推进时，辅导内容包括。

- 目标设计及落实到工作计划。
- 设计考核项目及权重。
- 自评方法及证据准备。
- 结合证据对下属考评。
- 绩效面谈准备及实施。
- 制定绩效改进方案。

> **经验提示**
>
> 对下属进行考核是所有业务领导者必须掌握的一项技能。对此，在推进绩效项目实施中，公司必须花费大量时间提升各个业务领导者对考核的认识，对考核技巧的掌握，直至业务领导者能够熟练使用各类考核工具，主动对下属进行考核。

四、完成绩效考核的四步

（一）个人自评

每月度初，由各个员工对上月各项工作完成情况进行总结，提交工作总结。同时对照考核标准进行自评，填写《月度绩效考核表》，提供相关证据（各类数据统计结果及工作总结），提交至直接上级进行评价。

经验提示

为什么要进行自评？

绩效管理过程的核心内容，是上级和下属之间就工作目标、完成情况、评分标准达成一致，即员工对目标及其完成效果的评价尺度与上级一致。

如果不采取自评方式，直接由上司进行评价，那么往往会形成"上司考核一言堂"，时间久了会打击下属的工作积极性。而通过自评，上司可以清楚地了解员工对工作目标的理解以及对完成结果的标准评价尺度，通过持续的绩效考核和沟通达成一致。当然也要考虑员工的成熟度。

（二）主管上级评价

直接主管在收到员工自评结果后，结合相关证据，对员工月度工作绩效进行评价，主要工作流程为：

- 核实各项数据的目标值和实际完成值。
- 核定员工关键行为指标完成效度。
- 确定与员工自评结果有重大出入的项目。

主管上级评价后，在正式提交间接主管审批前，要组织员工进行绩效面谈。绩效考核评价结果完成后，部门直接主管将完成的绩效考核评价结果提交间接主管进行审核批准。

（三）间接主管评审

根据直接上级确认的考核结果和绩效面谈记录，由被考核人的间接主管组织对考核结果进行复核，间接主管主要审核。

- 员工自评与直接上级考核结果的差异。
- 审核各项证据的符合性。
- 校正、汇总、确认员工绩效评价结果。

间接上级批准的考核结果应当符合公司有关考核结果比例的规定。

> **经验提示**
>
> 间接主管审核被考核人信息时，如需更改员工成绩，须与员工的直接上级进行协商。

（四）确定考核结果及汇总

以各个业务部门为单位，由各个被考核人的间接上级对考核结果进行汇总，汇总后提交人力资源部编制《月度绩效考核成绩汇总表》。

人力资源部根据公司绩效考核制度的有关规定，对所有考核成绩进行审核，审核考核结果是否符合公司规定，经人力资源经理（总监）签署后的《月度绩效考核成绩汇总表》须报送公司总经理（董事长）批准。

不同公司可以根据实际情况调整考核成绩，但一定要重视并且慎重。如果考核结果应用变成轮流坐庄，绩效管理所有的动作就都无效了。这样会出现优秀员工留不住，不合格员工开不掉，能力不上不下的员工成为公司的中流砥柱的现象，这会对企业人才梯队的打造造成巨大的负面影响。

经验提示

绩效评估中常见的问题，如图 6-2 所示。

·晕轮效应

例如，某个女性长得特别漂亮，情商又高，就会导致对她很难有客观的评价。在绩效评估中，常出现领导认为某个员工工作特别辛苦认真，而忽略了员工工作效率低和工作成果差的情况。

·新近效果

例如，公司实施的是季度考核，某员工到季度快结束前的半个月才加班加点赶进度，如果没有绩效台账，业务领导就可能会认为该员工特别敬业，反而误给了好成绩。

·我同心理

例如，某员工是领导的老下属，或者老乡、校友、同小区的，这也会影响领导评估的客观性。

·亲疏远近

无论考核制度搭建的有多成熟，考核结果好的通常有两种情况：一是业绩好的，二是跟领导关系好的。考核成绩差的，一般都是业绩差的和跟领导关系差的。

·打分偏高

例如销售部门和财务部门。这两个部门的领导往往自信心爆棚，部门领导会给全员高分。

·趋中倾向

例如研发部门和生产部门。这两个部门的领导往往做事比较中庸，所以打分也是较保守。

不过，如果将绩效管理的 PDCA 中的各项关注点都做好，这些评估中存在的问题是可以解决的。评估打分的过程一定是实战的过程，部门主管之间要经常沟通，人力资源部门也可以多把大家张罗到一起讨论、试评估、角色扮演，效果会好很多。

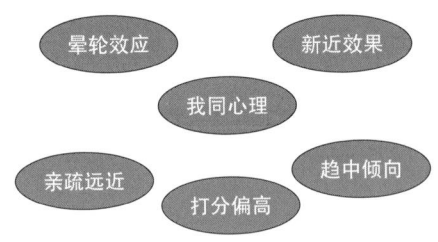

图 6-2　绩效评估中常见的问题

五、绩效结果的反馈

（一）绩效沟通的意义和价值

整个绩效管理的工作中，最重要的就是绩效沟通。绩效沟通的意义和价值有以下三点。

1. 传递压力

将公司和老板对于部门或单位的压力，传递给二级部门和员工，不能只是自己顶着压力，其他人则全然不知，这样不会出成效的。如果部门领导因为业绩不好被老板批评了，回到部门后一定不能说"兄弟们，这次咱们的业绩完成得不错，好好干"，而是立刻召开部门会议，把真实的情况反馈给部门其他员工，然后共同商讨对策和方案。

2. 传递价值观

绩效管理的制度和流程也属于制度文化，所以业务领导者一定要清楚企业价值观鼓励什么，反对什么，在绩效沟通的过程中传达到位。当然，如果绩效管理文化与企业价值观相冲突，企业的绩效管理会出大问题。

3.传递评估标准

整个绩效管理过程中，评估标准不是一成不变的，版本在不断地迭代，今年 1.0 版本，明年可能就是 1.1 版本了。因为业务部门的考核相对简单，按照达成率就可以了；职能部门主要聚焦在基于岗位职责的行为指标考核，这些指标如果不变化，慢慢地，诸如人力、财务、行政等部门的考核结果全部会是优秀，所以要不断升级，例如今年的优秀到明年也就刚刚处于及格的水平。

（二）绩效面谈的步骤

> **案例**
>
> 王经理是您下属中的佼佼者，在过去两个季度的绩效评估中，他的绩效结果都是"A"，也就是优秀。然而最近您发现他的工作热情消退，业绩开始下滑。作为主管领导，您准备和他进行一次面谈。

从案例可以看到，王经理业绩、态度双下滑，突然从第四阶段的员工下降到了第二阶段的员工。对于这类员工，主管领导一定要予以关注，否则员工很可能就离职了，因此需要和王经理展开一次绩效面谈。

在面谈前，首先要准备方案。像这类员工在部门内跟主管领导的关系应该不会太差，而他突然出现业绩下滑的情况，肯定会有部门的其他同事向领导反馈。这时候主管领导不要被外界的情况所干扰，而是想一想让王经理的业绩和态度下滑的可能原因有哪些：是部门有员工离职，还是部门费用不够用，或者是不是家庭出了特殊情况，再或者有竞争公司用高薪挖他，或者员工对公司的某项政策调整不满意，等等。主管领导一定要跟员工谈到位，避免出现员工"中途逃跑"的情况，因为把员工带到第三、第四阶段是特别不容易的。

绩效面谈一共包括七个步骤，根据公司的具体情况操作，未必每个步骤都要有，但争取都考虑到。

1. 好的开始

建立良好的沟通氛围，说明此次沟通的目的。

例如，主管领导约王经理进行一次面谈，王经理到办公室后，主管领导要先问王经理，是喝茶还是喝咖啡？泡好茶或咖啡后，喝两三口，再开始说此次沟通的目的。主管领导要提开放性问题，例如：王经理，你先说说吧。

2. 倾听并使员工积极参与

员工说的内容其实就是工作目标进展的情况，哪些方面进行得好？哪些方面需要进一步改善和提高？

王经理这时候可能会说他之前绩效一直是 A，这两个月业绩不太好，才达成目标的 30%，他会解释达成率低的原因，例如，核心销售离职了，其他员工还没完全上手，销售政策不太好，家里老人身体也不太好等。说完原因后，领导可以请其提出初步的改进建议，毕竟是优秀员工。初步建议里可能会有希望主管领导提供的支持，例如，希望主管领导能协调和产品部的沟通，同意多招几个人，下属自己也会尽量安排好家里的事情等。

3. 描述员工行为

当员工陈述后，主管领导可以开始描述员工行为了，一定要描述具体的行为，避免概括性的结论和推论，并解释行为对绩效目标产生的影响。

4. 给予积极的反馈

描述员工行为的时候，要真诚、具体地表扬员工，嘉奖员工表现积极的行为。主管领导可以说："王经理，你过去两个季度的业绩都特别好，都是 A，正因为你的好成绩，我们部门的整体目标达成率比预期高了 20%，我的领导李总还专门因为这个事情表扬了我呢！"这么说能让王经理感受到自己对于整个部门的贡献，效果会非常好。

5. 指出员工需要改进的方面，达成共识

表扬了员工做得好的地方，紧接着要沟通确认员工需改善的工作内容，为

提高员工的知识和技能提供辅导，同时确认需给予的资源和支持，与员工达成共识。

对员工自己提出的改进意见要给予回应，例如，王经理提到想要招新人，对此建议可以回应："王经理，你刚才提到招一个新人，我认为对你的帮助可能并不大，我们另一个组的老员工老李目前没在项目上，时间比较空闲，我把他调过来给你，我再给这个项目招一个新人就好了。你这边如果安排个老人，他也能更快地适应项目为你分担压力。对于你提到的与产品部门的沟通，下周你提醒我，我约一下产品部门的总监，请他给你的部门（团队）做一个产品功能的培训。对于你家里的情况，你看看要不要找一个保姆，或者让弟妹多操点心，我也让你嫂子多去看几趟。关于销售费用，我先从我的大部门费用里拨一部分给你。"

这一步主要是主管领导在表明态度，为员工提供具体的支持。

6. 以鼓励结束面谈

以鼓励的话语结束谈话。主管领导可以说："王经理，你自己对于工作改进也有比较完善的想法和打算，今天我们也做了深入沟通，如果咱们商定的这几个工作能做到位，到第三季度你应该能刹住车、止住颓势，第四季度再追一追，你的指标达成应该是没什么问题，奖金也丢不了。好好加油干！"

7. 形成书面记录

面谈的时候，要记录谈话重点，员工认同的事情、改进措施及员工不认同的事情。主管领导可以说："王经理，我们今天谈得不错，你把咱俩达成共识的地方整理整理，发个邮件给我，我确认后帮你协调资源，咱们一起继续努力。"

面谈结束王经理准备离开时，主管领导还可以顺势再说一句："王经理，这盒茶叶你拿回去吧！"再次加深兄弟情。

这就是完整的绩效面谈的过程。

（三）七类员工的沟通策略

1. 优秀的下级

鼓励为主，和下级一起制订发展计划，不要急于承诺。这类员工知道自己会干什么，要干什么，一旦领导的承诺未兑现，心里一波动没准儿就离职了。

2. 一直无明显进步的下级

开诚布公地跟下级讨论现职位是否适合他，使其认识不足。直接跟下级谈是否需要给他换一个更适合的岗位。对于这类员工，如果认同企业价值观，先培养再调岗，调岗一段时间后仍然不能适应岗位要求的，只能让其离开公司了。

3. 绩效差的下级

不要认准是个人问题，绩效差是问题，既然是问题，就要具体分析问题产生的原因，不要着急解决问题。例如，可能是管理方式的问题、沟通障碍等，也有可能是阶段性的。

4. 年龄大、工龄长的下级

尊重他们，这类员工已经在企业工作很多年了，相当于把毕生贡献给公司了，所以要肯定他们的贡献，多给予耐心和关切。如果他们不知道怎么处理手头的工作，为其出出主意，想想办法。让新员工和他们搭班子，提升他们的价值感。

5. 过分雄心勃勃的下级

这类员工一般能力比较强，学历比较高，来到公司后感觉谁都没有自己好。对这类员工，领导要耐心开导，用事实说明其差距，先让他们做事，事没做成后再指出问题，不能直接泼冷水。和他们讨论未来的发展可能性和计划，但不要让他们产生错觉。最好找让他们敬佩的人来带，往往能够做到水到渠成。

6. 沉默内向的下级

内向的员工一般不爱说话，但不爱说话不代表能力不够，要耐心启发，善于使用开放性问题，例如："老李，这个问题你怎么看（怎么想）？"提非训导性的问题，多征询意见，多观察他们平时的兴趣爱好，谈论一些共同话题。领导把活儿交给这类员工往往更放心，因为他们可能属于猫头鹰型的，善研究。

7. 爱发火的下级

耐心听完，尽量不要马上争辩，一旦吵起来反而不好收场，而且领导跟下级吵架，影响的是领导的形象。找出下属发火的原因，冷静分析，如果下级确实遇到困难，就帮着解决问题；如果是个人原因，要给予建设性批评，削弱其嚣张的气焰。

所以，评估人的环节不要停留在评估这一点上，否则就变成了给员工贴标签：小李是 A，小王是 D，小宋是 C，如果评估变成了只有分数，就麻烦了。要科学合理地给员工评分，让员工心服口服，将要求人、辅导人、激励人做到位。

（四）绩效反馈面谈中的技巧

1. 倾听的技巧

绩效面谈是领导与员工双向沟通的过程。实际工作中会出现将沟通演变成上级对员工的训话。事实上，上级应通过面谈更多地收集员工的信息。因此，在绩效面谈中，一定要给员工讲话的机会，多让员工表达自己的观点。在沟通中，要掌握以下有效倾听的技巧。

- 保持目光接触。
- 展现赞许性地点头和恰当的面部表情。
- 避免分心的举动或手势。
- 提问。
- 复述。
- 避免打断说话者。

- 不要多说。
- 自觉转换听者与说者的角色。

有效倾听的重要性，体现在以下几点。
- 可获取重要的信息。
- 可掩盖自身弱点。
- 善听才能善言。
- 能激发对方的谈话欲。
- 能发现说服对方的关键。
- 可使你获得友谊和信任。

2. 表达的技巧

在绩效面谈中，除了有效倾听，还要善于运用各种表达技巧，如图6-3所示。

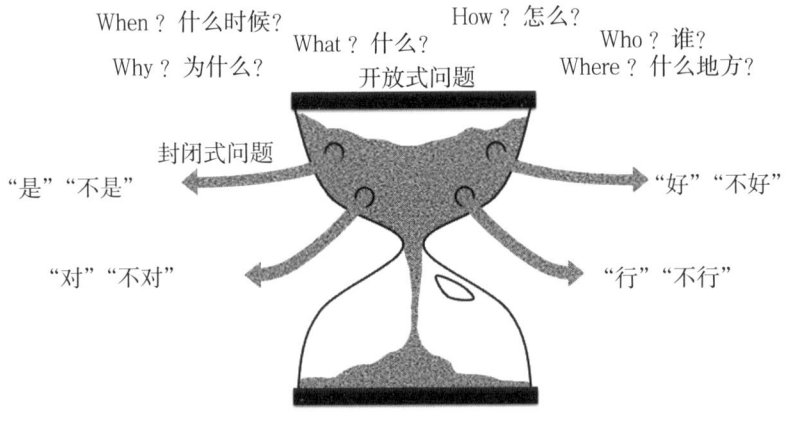

图 6-3   询问的方式

（1）多提一些开放性的问题

在绩效面谈中，业务领导应该多给员工一些表达的机会，少提可以用"是""不是""对""不对"回答的封闭式问题，而是尽量提开放式的问题。通过提问，可以得到员工对事情真正的观点或如实的表述。

常见的开放式问题有。

- "你觉得……怎么样？"
- "你认为……如何？"
- "你打算怎么做？"
- "你是如何评价自己这段时间的表现的？"

（2）适当地做出回应

在仔细倾听对方的发言之后，以复述或自己的语言进行反馈，对讲话者做出回应，这也是比较好的一种沟通技巧。为了能够准确地回应他人的表达，就必须要真正倾听，而不要只考虑自己打算说什么。在很多情况下，做出适当的回应非常必要，因为通过适当的回应，可以向对方及时传递已经获取的信息。如果回应准确，对方会有兴趣说下去；如果回应不准确，对方可以及时纠正，这样反复下去，最终会相互了解和理解。

有效的回应可以使人抓住主要的观点，以便进行一次有逻辑的交谈；回应可以推动他人进一步表达自己的观点或者澄清一些问题。回应是避免争议的好办法，因为在不接受对方的建议时可以及时表达。

（3）学会问问题

在交流中提问是非常重要的一种获取信息的手段。通过有效的提问，可以让对方在你所关心的某一方面拓展表达或进一步解释。在绩效面谈中，当上级想听员工表达自己对某事物的看法时，可以直接提问以获取进一步的信息。

常用的提问方式有以下几个。

- "你觉得你在……方面做得很好，那么你能具体讲讲好在哪里吗？"
- "你说你希望……，那么具体需要我们做些什么呢？"
- "你觉得他们这样做不合理，那么你觉得应该怎么做呢？"

有时候，好的问题比解决方案还有效。

（4）非语言沟通的奥妙

在绩效面谈中，除了传递语言信息，同时也在传递非语言信息。在非语言沟通中，要把握好手势与姿态语。我们需要重视的不是手势、姿态本身有多么重大的意义，而是结合到具体的环境中，这些手势和姿态表达了什么样的意义。体态语，在表达意思时有一些最基本的规则，如表 6-5 所示，但必须注意，单独的体态语在很多时候毫无意义。

表 6-5　非语言信息的意义

非言语信息	典型意义
目光接触	友好、真诚、自信、果断
不做目光接触	冷淡、紧张、害怕、说谎、缺乏安全感
摇头	不赞同、不相信、震惊
打哈欠	厌倦
搔头	迷惑不解、不相信
微笑	满意、理解、鼓励
咬嘴唇	紧张、害怕、焦虑
跺脚	紧张、不耐烦、自负
双臂交叉在胸前	生气、不同意、防卫、进攻
抬一下眉毛	怀疑、吃惊
眯眼睛	不同意、反感、生气
鼻孔张大	生气、受挫
手抖	紧张、焦虑、恐惧
身体前倾	感兴趣、注意
懒散地坐在椅子上	厌倦、放松
坐在椅子边缘	焦虑、紧张、有理解力的
摇椅子	厌倦、自以为是、紧张
驼背坐着	缺乏安全感、消极
坐得笔直	自信、果断

六、绩效改进

绩效面谈之后要形成改进方案，在改进过程中，业务领导者要多检查，避免不了了之的情况发生。

（一）绩效诊断

绩效诊断箱是比较简便易行的绩效诊断工具。分析问题时，如果只是泛泛而谈，那么针对性不强，而一旦把分析的内容整合成一个工具，效果就会很好了。如图 6-4 所示，绩效诊断箱共包含四个方面的内容。

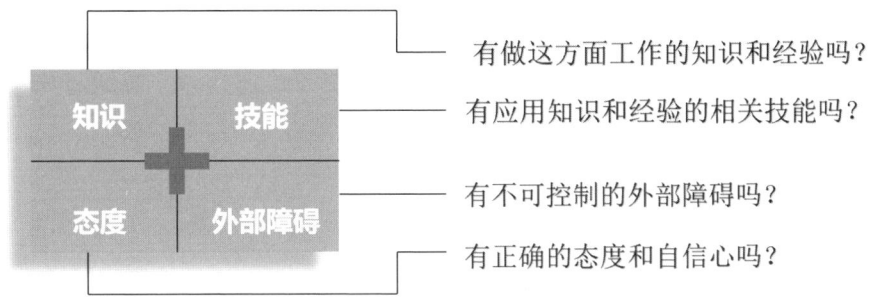

有做这方面工作的知识和经验吗？

有应用知识和经验的相关技能吗？

有不可控制的外部障碍吗？

有正确的态度和自信心吗？

图 6-4　绩效诊断箱

1. 外部障碍分析角度

·员工有没有恰当的工具。
·员工有没有充足的资源和信息。
·员工是否承担了过多的外部压力。
·工作标准是不是没有明确。
·有没有做到及时地与员工进行沟通。
·组织中有没有建立标准化的操作程序。
·是不是许多员工都存在同样的绩效问题。

2. 知识、技能分析角度

·员工过去是不是圆满地完成了工作任务。
·员工有没有为这项工作受到过专门的培训。
·员工是否经常要做这项任务。
·员工是否能正确地完成这项工作。

3. 态度分析角度

· 员工对于职业发展规划是否明确。

· 是否存在其他破坏员工工作的事情，例如组织或主管的激励手段。

· 员工出色的绩效表现是否会受到表扬。

· 员工出色的绩效表现是否给其带来负面后果。

· 绩效表现差的员工是否也会获得某种好处。

· 员工对他们的绩效质量是否清楚。

一般来讲：态度和外部障碍属于管理问题，知识和技能属于发展问题。

解决策略要领

· 如果存在外部障碍，考核者应该首先在本人权限范围内，最大限度地排除障碍，或尽可能减少其影响。

· 如果存在态度问题，考核者必须先解决态度问题，再解决发展问题。态度有问题，一切预期变化都不可能发生。

注意事项

· 不能用解决发展问题的方法来处理管理问题。

· 发展解决方法应以在职训练和自我启发为主，脱产培训为辅。

· 考核者应该在与被考核者的讨论中，对解决方法达成共识，这样他们才会全身心地投入。

> **案例**
>
> 小王是公司的研发工程师，在公司工作 3 年了。由于公司最近几年发展比较顺利，小王的成长也比较快，研发总监决定晋升小王做研发主管，带领一个 6 人团队。

领导在与小王沟通的时候，小王表达出了几点忧虑：自己是技术出身，一直很喜欢技术工作，也愿意在技术方向上继续发展，如果公司真的需要自己带团队，那么服从公司安排。不过自己从工作到现在一直做技术工作，管理知识和技能不足，由于长期跟技术打交道，人际交流比较少，不太擅长跟人打交道；目前自己的项目工作比较多，虽然经常加班加点，也还是会出现项目延交的现象；由于内部沟通不畅，实际上也分不清目前的项目的轻重缓急；公司的新人目前普遍缺乏培训，自己比较担心影响他们的成长；公司的用户普遍比较难缠，当了主管后自己将会直接面对他们，会有压力；另外，公司目前处于高速发展期，如果自己脱离技术岗去做团队管理工作，不知道将来会不会能有好的发展；等等。

按照绩效诊断箱的架构整理，如下图 6-5 所示。

知识	技能
√缺乏管理知识和经验 √缺乏时间管理知识	√缺乏管理技能 √缺乏商业谈判技能 √分不出工作优先顺序
态度	外部障碍
√喜欢技术工作，不愿放弃 √考虑管理岗位的不稳定性 √个人发展方向不明确	√工作负担过重 √下属员工培训不够 √外部用户的压力

图 6-5　绩效诊断箱实例

（二）绩效改进方案设计

1. 绩效改进的四个原则

重审绩效不足的方面。设计绩效改进方案的时候，一定是针对员工表现较差的地方去改进，这需要业务领导者跟员工交代清楚绩效不足的地方在哪里，是什么。不能想当然的就以为员工已经很清楚自己的问题了，最好是让员工复述一下。

从员工愿意改进之处着手改进。无论需要改进的地方是大还是小，都是需要员工踏实去做的，所以员工的意愿就显得尤为重要，可以在员工需要改进的地方入手，逐步实施改进方案，反正一口也吃不成一个大胖子。

从易出成效的方面开始改进。但凡改进，有进步有成果才会对员工有激励作用，所以除了考虑轻重缓急的因素外，还要考虑从易出成效的方面入手，让员工看到希望。

就所花的时间、精力和金钱而言，选择最合适的方面进行改进。与改变价值观相比，改变员工的态度会比较容易。

2. 制定绩效改进方案时需要关注的四个点

意愿。员工自己想改变的愿望。

知识和技术。员工必须知道要做什么，并知道应如何去做。

气氛。员工必须在一种鼓励改进的环境里工作，而主管在营造这种工作气氛中占主导。

奖励。如果员工知道行为改变后会获得奖赏，那么他较易去改变行为。奖励的方式可分为物质和精神两方面：物质方面包括加薪、奖金或其他福利；精神方面则包括自我的满足、表扬、加重责任、更多的自由与授权。

依据以上原则和基于绩效诊断箱的结论，对于研发工程师小王的绩效解决方案如图 6-6 所示。

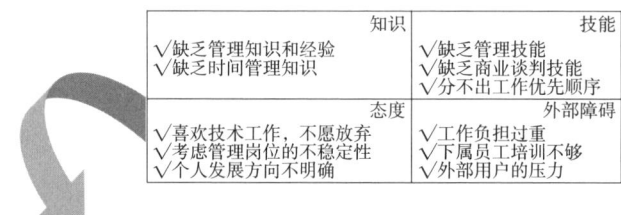

知识	技能
√缺乏管理知识和经验 √缺乏时间管理知识	√缺乏管理技能 √缺乏商业谈判技能 √分不出工作优先顺序
态度	外部障碍
√喜欢技术工作，不愿放弃 √考虑管理岗位的不稳定性 √个人发展方向不明确	√工作负担过重 √下属员工培训不够 √外部用户的压力

知识	技能
▷安排适当的脱产培训 ▷激发其自我启发式学习	▷在职培训：经常给予管理辅导和鼓励 ▷增加其参加商业谈判的机会
态度	外部障碍
▷明确责任划分并选出重点 ▷分析工作要素，明确相互关系 ▷帮助认识个人潜力，分析职业发展方向	▷检查、精简、重新组合 ▷安排其下属参加正式或非正式培训 ▷管理者充当其与外界的缓冲器

图 6-6 绩效改进方案

职场感悟：中层经理必须要对绩效管理有清晰的认识，尽早提升

一、被评估者的担心和焦虑

绩效评估常常引起被评估者的焦虑，这往往是由人的一些心理观念决定的。例如，人们常常处于一种矛盾的状态中，既想成为"第一"，又害怕由于杰出的绩效而遭到打击，俗话说"枪打出头鸟"。人们也常常担心一次不良的绩效记录不仅会带来惩罚，还会在领导心目中形成不好的印象，会影响领导对自己将来绩效的评估，甚至影响个人的职业生涯。所以当绩效评估开始时，员工往往心中充满焦虑。

表现

1. 由于蒙在鼓里而带来的担心

在很多企业的绩效评估中，被评估者常常感到自己对工作的要求并不十分清楚，并且也不知道衡量工作绩效的标准，没有机会了解到自己的工作结果，也没有人与评估者沟通对其完成该项工作的期望。这让被评估者感到自己是否能在绩效评估中取得好的成绩完全不是自己所能控制的，绩效评估的标准是琢磨不定的，不知道自己做到什么程度才算好。

2. 对批评或惩罚的焦虑

很多员工害怕评估，主要是因为担心评估的后果。平常可能有些事情做得不能让经理完全满意，因此到了评估的时候就担心主管人员会来个秋后算账。如一些单位采用倒扣分的方式，却没有给出做得好的标准，而只给出做得不好的标准，这样会使被评估者感到不愉快，并为结果感到焦虑。

3. 害怕自己的弱点暴露出来

即使没有惩罚的后果，仅仅是评估本身也足以使被评估者感到焦虑。任何人都害怕自己的缺点或弱点被别人知道，而评估恰恰提供了这样的机会。如果对评估的结果没有相应的保密措施，使其散布的范围过广，就会给被评估者带来不必要的伤害。

二、主管人员的错误认识和担心

1. 认为这件事情没有意义，是浪费时间

很多主管人员认为，绩效评估的过程中，需要填写很多的表格，是一种纯粹的文书工作，对自己的管理工作没有任何帮助，仅仅是浪费时间。因此，在他们的心中，绩效评估不是管理工作中必不可少的环节，而是一件多余的事情。

2. 担心由于这件事情会与员工发生冲突

主管人员往往对评估别人感到忐忑不安。在评估的过程中，难免有意见不一致的情况。对员工的评估有时会引发员工的争论，或者评估结果引发员工之间的矛盾，这些都是某些主管人员不愿看到的尴尬局面。当把绩效评估看作是对员工的评判而不是对员工的帮助的时候，就很容易造成冲突，因而产生焦虑。

三、绩效管理不是浪费时间

绩效管理工作确实需要管理者付出一定的时间。对绩效管理一个普遍的误解是"事后"讨论，目的是抓住那些犯过的错误和绩效低下的问题。实际上这不是绩效管理的核心。绩效管理不是为了以反光镜的形式发现不足，是为了防止问题的发生，找出通向成功的障碍，以免日后付出更大的代价。

这就意味着绩效管理可以节省时间。因为当员工不知道做什么、何时做、如何做好工作，以及应该清楚做某事而实际上并不清楚时，他们可能就会犯错误。一旦员工决策失误，就等于放了一把需要主管人员介入的火。这些常常要花掉主管人员大量的时间去介入本来不需要处理的事务中去救火。

绩效管理就是一种防止问题发生的时间投资，将保证管理者有时间去做自己应该做的事。

第7堂课 保留人——职划发展 留人留心

业务领导者做出的选择人、要求人、辅导人、激励人、评估人的所有动作的目的都是为了达成公司的目标。在这个过程中来培养员工，有的人成长得快，有的人成长得慢甚至不成长，所以业务领导者要基于绩效评估的结果将员工分为"三六九等"。同时结合公司的人才培养机制和人才发展规划，在人才盘点的基础上，做好核心人才的保留、激励和发展的方案、动作，避免出现核心员工流失现象。

当然，核心人才流失是不可能完全避免的，例如很多全球领先性公司，GE、阿里巴巴、腾讯、华为等，也会存在核心员工流失的情况。所以业务领导者一定要了解清楚核心员工离职的原因，有针对性地做核心员工的保留工作。当然，若绩效评估连续两年以上成绩为C的员工，该淘汰就要淘汰，像阿里巴巴、华为、腾讯等企业都有末位淘汰制，只是淘汰的比例不同，有的是淘汰5%，有的是10%，但总会有一定的淘汰率。

本节课讲一讲保留人。

本章节学习内容。

· 思考：核心人才是什么

· 从人力资源规划的角度看核心人才的保留

· 从绩效评估的角度看核心人才的保留

· 探究人员离职的真正原因

· 留住核心员工需要建立机制和体制

· 企业案例：某集团公司的后备人才发展方案

一、思考：核心人才是什么

保留人自然是保留核心的人才，保留工作能力和工作意愿俱佳的优秀人才，保留工作业绩、能力和潜力都靠前的人才，保留对企业战略目标有直接贡献的岗位上的优秀人才。所以首先要明确保留的人都是什么人，然后制定有针对性的策略，这样才会起到事半功倍的效果。

那什么是核心人才呢？定义如下。

所谓核心人才，就是在企业发展过程中通过其高超的专业素养和优秀的职业经理人操守，为企业做出或者正在做出卓越贡献的员工，因为他们的存在弥补了企业发展过程中的某些空缺或者不足。核心人才不仅具有企业人才的特点，还具有特殊性。核心人才具有比其他员工更强的竞争性，因此必须建立有利于人才彼此进行合作的创造性方式。彼德·德鲁克说："核心人才不能被有效管理，除非他们比组织内的任何其他人更知道他们的特殊性，否则他们根本没用。"在企业中，往往是 20% 的人才创造了 80% 的效益。

人才日益成为左右企业战略实现的关键因素。人才尤其是高度敬业的核心人才，在企业战略实现中的作用与地位主要体现在以下几个方面。

战略制定。企业战略制定的过程本身就对高级管理人才的信息收集能力、统筹分析能力和判断决策能力提出了很高的要求。同时，既定战略得以长期而稳定存在的基石就是要有一个团结、敬业的领导团队。

战略传递。战略的传递是指企业如何将公司战略有效传达给企业每一位员工，让员工理解并知道自己与企业战略实现之间的关系。这关系着战略能否真正得以执行以及最终执行的效果如何。在这个过程中，如果没有高素质和高敬业度的中高层管理人员以及核心骨干去不断沟通、协调以及自我身体力行，任何战略都难以被广大员工真正接受和理解。

战略执行。任何企业战略的执行都是一个充满变数、风险和挑战的过程，只有高度敬业的员工团队才能始终对企业前景抱有坚定的信心并愿意与企业共同进退、共同成长。

所以核心人才的保留工作特别重要!

二、从人力资源规划的角度看核心人才的保留

从稀缺性和战略性两个维度对员工进行分类,如图 7-1 所示。

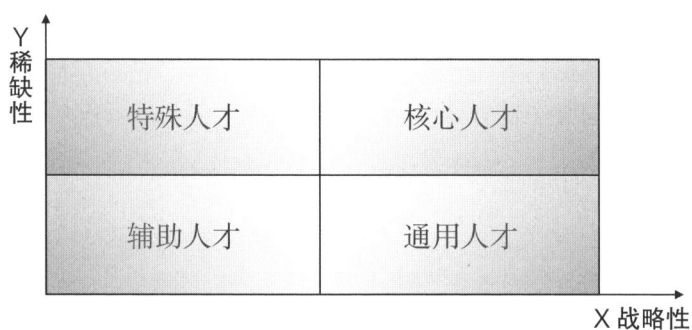

图 7-1　员工分类

(一)核心人才界定

1. 明确核心人才的定义和范畴

人才按照稀缺性和战略性两个维度可以分成四类。辅助人员低稀缺性,低战略性;核心人才高稀缺性,高战略性;特殊人才高稀缺性,低战略性,市场占比较少;通用人才低稀缺性,高战略性。这四个维度的人才,在做企业人才规划的时候,还是着重于核心人才的规划,他们才是企业的关键人员。核心人才,要尽量满足他们的需求;辅助人才,如果企业规模较大的话,笔者建议外包;特殊人才,市场中的人数少,战略性不是很高,尽量把工作外包出去,建立合作关系;通用人才,如人力资源类员工、财务管理类员工、市场营销类员工,这类人员可以进行合同制管理,签合同就行了,有人员流动就去市场上招聘。唯独核心人才必须得留住。

2. 企业核心人才盘点

检视企业所拥有的核心人才是否能够满足企业业务战略对核心人才的需求（数量差异、能力差异与结构欠缺），盘点一定要有重点。

3. 通过外部劳动力市场相应人才的稀缺状况，及内部人才提升速度和成长速度比较，确定核心人才队伍未来的发展变化与业务的匹配情况

例如，很多大型企业、集团型企业会分批次招一些学生干部，把他们作为管理培训生来培养。可能今年招的学员，五年后就是企业的核心人才了。而到了十年后，这些人基本上就是企业各部门总经理或者下属公司的总经理了。

4. 核心人才总量、结构和提升的系统规划

这些人来了之后要做什么？要培养。如果企业内部已有这样的人员，要从动态上管控，即分析现有的人才，哪些是可以提升到这个层面上来的。

5. 核心人才队伍建设策略规划

包括核心人才吸纳规划、核心人才培养规划、核心人才保留规划、核心人才激励规划。这就是我们常说的人才的选育留用。

图 7-2 所示为一家股份制银行的人员分类。

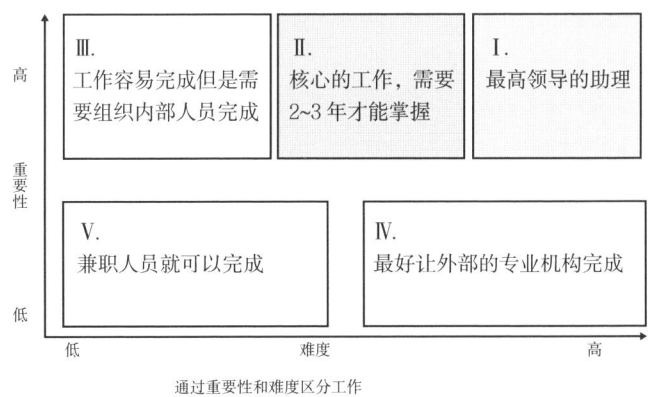

图 7-2 某股份制银行案例

在总量规划的基础上，根据重要性和工作难度将员工分为五类，进一步制定关键员工队伍规划。

·第一类是最高领导者的助理，可能是行长的助理，工作很重要，工作难度大。对这类人员既要求有智商又要求有情商。

·第二类是核心工作，需要两三年才能掌握，说明这块工作不是说拿就能拿起来的。

·第三类是工作容易完成，但是需要组织内部人员完成。要求是企业人员来干，不能外包，比如企业里不是很重要，但很保密的一些岗位。

·第四类工作重要性低、工作难度低，兼职人员或者外包就可以。

·第五类工作较难，但重要性低，最好让外部专业机构来完成。比如，人员的盘点或者人力资源的规划咨询等工作。

盘点的两个维度

重要性。重要性是指该职位对实现企业的战略目标起重要作用，这意味着该职位的业绩好坏对企业的目标和效益影响很大，在企业政策控制、程序运行中起关键作用。

难度。难度包括三个方面：第一，要求该职位的上岗者知识面宽，经验丰富；第二，培养周期较长，例如专业人才、通用管理人才；第三，虽然不是重要职位，但是专业特殊，难以找到替代者。

通常，一个企业的关键人员的比例，企业高层管理核心人员约占 1%，关键人员约占 20%~25%。关键人员的效率是一般人员的 3~10 倍。

通过对该银行战略目标、关键成功因素的理解，以及工作难度的判断，以下几类人才尤其需要关注，如图 7-3 所示。

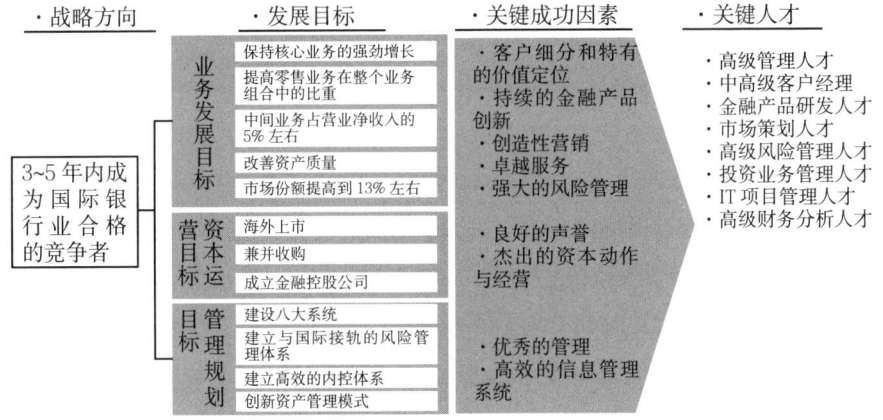

图 7-3　某股份制银行案例

（1）战略方向

3~5 年成为国际银行业合格的竞争者。

（2）发展目标

包括业务发展目标、资本运营目标和管理规划目标三大类。

业务发展目标包括要保持核心业务的强劲增长、提高零售业务在整体业务组合中的比例、中间业务占营业净收入的 5% 左右、改善资产质量、市场份额提高到 13% 左右。资本运营目标包括海外上市、兼并收购、成立金融控股公司。管理规划目标包括建立八大系统、建立与国际接轨的风险管控体系、建立高效的内控体系、创新资产管理的模式。

（3）关键成功因素

业务发展目标要求客户细分和特有的价值定位、持续的金融产品创新、创造性营销、卓越服务和强大的风险管理。资本运营目标要求有良好的信誉、杰出的资本运作与经营。管理机制目标要求优秀的管理和高效的信息管理系统。

（4）关键人才

基于战略方向、发展目标、关键成功因素分析，真正支撑企业发展战略的人才包括高级管理人才、中高级客户经理、金融产品研发人才、市场策划人才、高级风险管理人才、投资业务管理人才、IT 项目管理人才和高级财务分析人才。这些人才是企业需要的，关键人才岗位就盘点出来了。

（二）选育用留的政策

见图 7-4，职类和职级为员工打开职业通道。

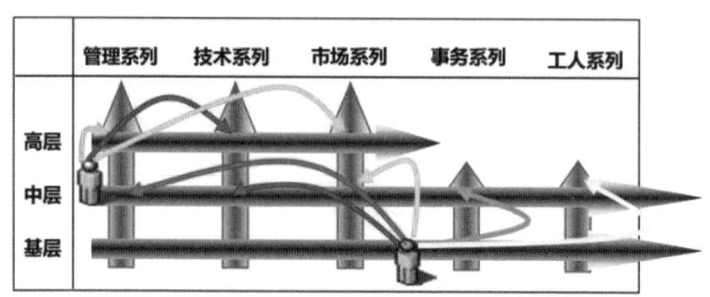

图 7-4　选育用留的政策

将人员分等级后，之后就涉及人员培养。

举一个简单的例子，企业可以分为管理系列、技术系列、市场系列、事务系列和工人系列。员工分为基层、中层和高层。员工既可以向上走，也可以在几个系列间流动，这就是职业通道。做出职类和职级的目的是打开员工通道，让员工在这个过程中得到提升，以及找到发展的方向。企业根据行业和企业的实际情况，拟定企业各职类、职级的人员的培养和发展策略，制订好年度的人力资源培养计划，赋能员工即可。这些工作做到位，基于业绩、能力和潜力去盘点现有人才，根据人才的需要，匹配合适的培育、激励和保留政策，这样在企业内部就做好了核心人才的保留工作。

如果企业没有做这件事，员工会感觉企业总是在利用自己，而没有培养自己。企业认同感、归属感会差很多。

见下文，汇丰银行客户经理管理及管理培训生管理的培训和发展工作分为四个阶段。

·第一个阶段是熟悉个人银行业务（新招的大学生）。在分行从事为期四个月的个人银行业务：融入汇丰文化；了解如何高质量的服务客户，分行如何运作；熟悉汇丰银行的产品和分支机构网络。

·第二阶段是熟悉交易服务业务。在分行从事为期八个月的交易服务工作。进行文件处理；熟悉国家间和公司间的交易情况。

·第三阶段是熟悉信贷业务。在香港地区从事为期一年的公司信贷业务：熟悉信贷程序；了解如何建立和维护客户关系；知晓如何进行风险评估。

·第四阶段是集中培训。在成功完成前面三阶段的工作后，将在英国的培训中心进行为期七周的脱产培训；香港培训中心将长期提供培训，来为个人长期职业生涯的发展提供支持。

如果企业员工从入职开始就可以做到有针对性的计划工作安排和发展，规划好路径和套路，分层分级培养人员，经营员工的工作也就做到位了。

三、从绩效评估的角度看核心人才的保留

绩效评估结果可以验证上下级在选择人、要求人、辅导人和激励人的各个环节工作实践的成绩高低和效果的好坏。

通常情况下，部门和员工考核成绩分为 ABC 三级，或者 ABCD 四级，或者 ABCDE 五级都可以。我们在应用绩效考核成绩作为员工进一步发展的依据的时候，一般会用以下几个工具。

（一）两个模型

1. 九宫格模型

"九宫格"是我国书法中临帖写仿的一种界格，又叫"九方格"，由唐代书法家欧阳询所创。在日常工作中，业务领导者要对下属员工进行行为分层，做组织人才盘点，做九宫格图。以绩效等级（高中低）为横坐标和以能力等级（高中低）为纵坐标，也可以颠倒，总之可以将员工分为九种，构成九宫格图，如图7-5所示。九宫格图可以帮助业务领导者提高对人的敏感度，如果业务领

导者对人的敏感度差，一定要有意识地通过绩效管理和人才盘点来加以提升。

一般情况下，企业的规模、类型和发展阶段不同，对于九宫格图中的员工使用和培养方式也不太相同。但是无论哪家企业，对中坚力量和超级明星都是要有计划地发展、激励和保留的。

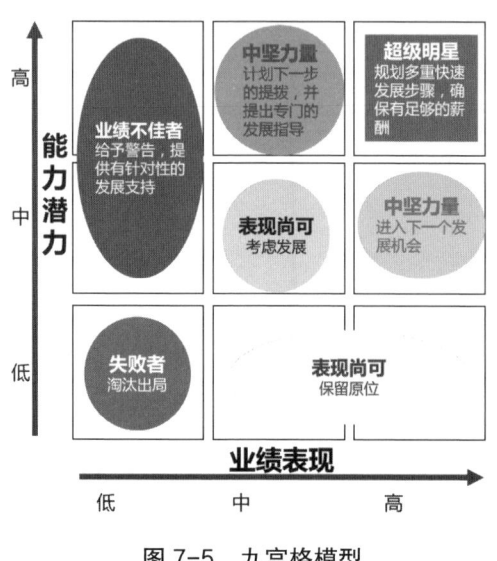

图 7-5　九宫格模型

给大家看一下阿里巴巴是如何使用九宫格的（图 7-6）。

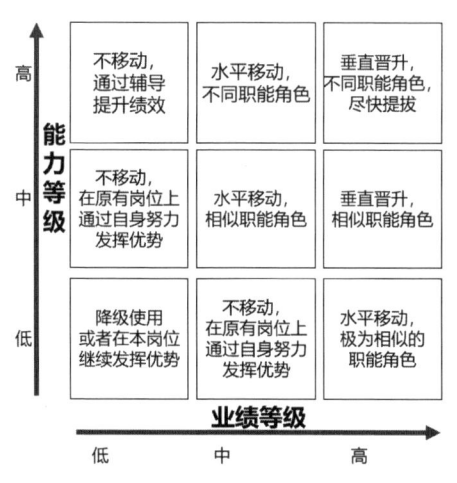

图 7-6　阿里巴巴的九宫格

从阿里巴巴的九宫格图中，可以很明显地看出来企业在人才的使用和发展上的痕迹。

2. 麦肯锡 16 宫格模型

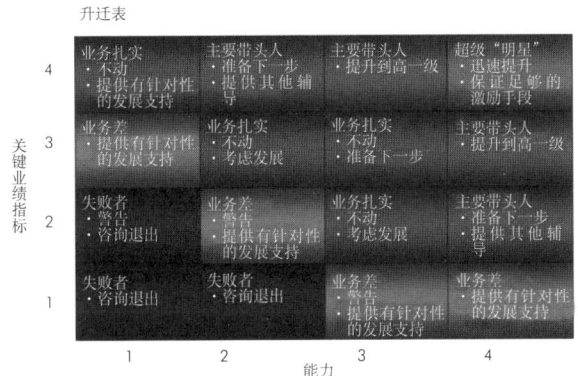

图 7-7　业绩 - 激励表格（职业发展）

不同于九宫格图，麦肯锡发明了 16 宫格图（图 7-7），把员工的分层、分类做得更细致了。同时结合能力和业绩把人才分了 16 类，要结合人才盘点去做。业务领导者务必要在下属绩效成绩的基础上，客观地看待下属的工作能力和工作潜力。一定要清楚下属的工作能力开发了多少，或者开发到了什么等级。

（二）从人才发展的角度看核心人才的保留

从业务领导者角度来看，辅导和激励下属是最有效的发展下属的手段，对于很多企业来说，只有高管才有升职加薪的渠道。所以作为上级的业务领导者应该尽早克服"教会徒弟饿死师父"的心理。通过日常的辅导和激励，引导下属更加高效地做好个人的战略。一个人只要有本事了，就不会担心升职加薪的问题了，即使本单位不能兑现，其他公司也能帮助兑现。业务领导者可以参照公司的职业通道来有效地培育和发展下属。具体的方式有以下简单易行的几种。

1. 企业的职务体系

见图 7-8 企业职务体系。

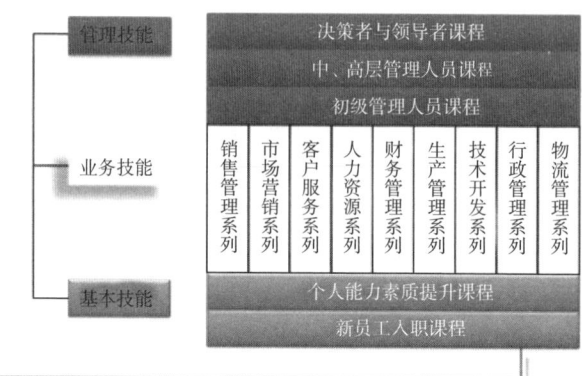

图 7-8　企业职务体系

其中管理人员技能阶梯如图 7-9。

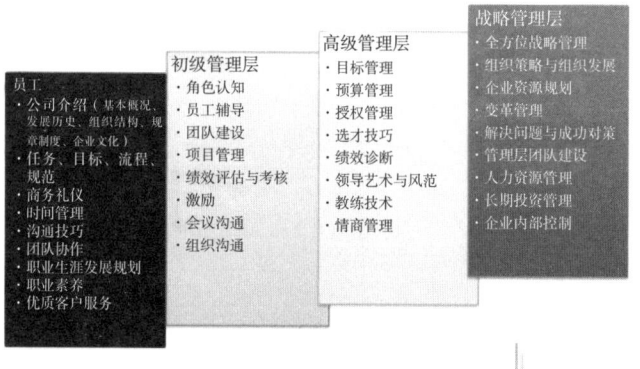

图 7-9　管理人员技能阶梯

2.MTP——管理十项

如果公司没有比较明确的员工分层分类的制度和操作规范，可以参照图 7-10 的内容，评估中、基层管理人员的能力阶梯。

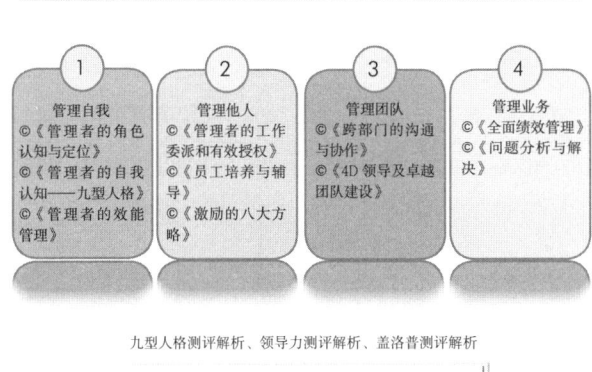

图 7-10　MTP 管理十项

3.职业经理人的经典分级模型

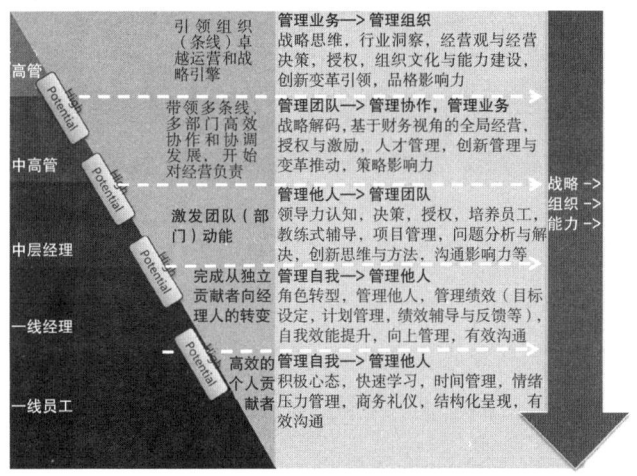

图 7-11　职业经理人的经典分级模型

图 7-11 是拉姆·查兰在《领导梯队》中提出的职业经理人的经典分层

分级模型。

模型中共划分了五个等级：一线员工、一线经理、中层经理、中高管和高管。

一线员工是高效的个人贡献者，他们的主要工作就是管理自我，把自己管好就行。包括积极的心态，快速学习，时间管理，情绪压力管理，商务礼仪，结构化呈现和有效沟通，高效地完成本职工作并与同事、领导互动到位。

一线经理要完成从独立贡献者向经理人的转变，从管理自我到管理他人的转变。正常情况下，从员工到骨干或一线经理的转换过程是最难的，在这个过程中，50% 的时间做业务，50% 的时间管员工。包括角色转型，管理他人，管理绩效（目标设定、计划管理、绩效辅导与反馈），自我效能的提升，向上管理和有效沟通。

中层经理是管理一线经理的，一般是一级部门的大经理，负责激发团队动能，从管理他人到管理团队。包括领导力认知，决策，授权，培养员工，教练式辅导，项目管理，问题分析与解决，创新思维与方法，沟通影响力等。实际上领导力最核心的是影响力，由影响力产生跟随。

中高管带领多条线、多部门高效协作和协调发展，开始对经营负责，一般要管理事业部或一个单独的业务单元，从管理团队到管理协作和管理业务。包括战略解码，基于财务视角的全局经营，授权与激励，人才管理，创新管理与变革推动，策略影响力。战略解码是企业对战略目标做一个解码，然后分到各个事业部或子公司，转化成他们的具体目标。如果解码完不成，战略目标就不能落地。在这个级别得具备老板思维，不能只想着当下，而要考虑长期。

高管引领组织卓越运营和战略引擎，从管理业务到管理组织。包括战略思维，行业洞察，经营观与经营决策，授权，组织文化与能力建设，创新变革引领，品格影响力。到了这个级别，老板的人品往往决定了企业的个性。

所以企业可以按照这个逻辑规划下属的能力，也会比较简单易行。当然，如果您的公司有更加规范的针对岗位的胜任素质模型和任职资格的话，那就更好不过了。总之，业务领导者务必要清楚适合自己下属的发展方向，同时结合企业的实际来发展员工，这才是最好的留人方式。

以上三种发展和保留人才的方式，有个基础点就是在岗人员的绩效成绩，同时集合个人的能力发展潜力。尤其是在公司规模不大的情况下，做人才发展的预算不多，管理手段不多，识别人才不是很精准的情况下，就更需要基于绩效成绩来选拔需要发展的核心人才。

四、探究人员离职的真正原因

（一）为什么好不容易培养出来的好员工会走

培养一个骨干员工需要大量的时间、精力和金钱的投入，很多中小型企业因为核心员工的离职而引发了动荡。所以企业对于核心员工离职要提前做好预警机制，探究人员离职的真正原因，及早防范。笔者根据现实的职场情境总结出核心员工离职主要的五大原因。

1. 直接主管

有句话是：加入企业，因领导离开。这部分内容前面几个章节都有叙述，在这里不做过多解释。

本书的架构也是按照业务领导者的人力资源责任（选择人、要求人、辅导人、激励人、评估人和保留人）的思路来构架的。目的就是给企业各级业务领导者赋能，让大家真正读懂、学会如何带人，而不是全凭感觉领导人。

2. 工作环境

工作环境包括硬件环境和软件环境。硬件环境主要指特殊的办公环境，例如高温、高热、高污染，收入高，工作一两年直接影响身体健康的；软件环境主要指企业文化，例如企业氛围比较消极，待一两年人就待颓废了。

公司软硬件环境的打造也是企业各级领导者务必要上心的事情，硬件条件不可能一步到位，可以慢慢来。但是作为企业文化的软件环境，各级领导一定要用心，不能让下属处在"上班如上坟"的环境中。不成熟的领导实际就是一枚定时炸弹，要想管理好下属，一定要先修炼好自己。

3. 职业发展

笔者做过不少离职面谈的工作，面谈过自己所服务的公司的员工，也面谈过咨询服务的公司的员工，对于知识、经验和技能达到一定程度的比较资深的员工，离职的原因多为在公司短期内没晋升机会。

4. 薪酬因素

例如，在一家企业待了五六年，从来没有涨过工资，而个人支出越来越高，只能被迫选择离开。公司给予员工的薪酬，尤其是比较资深的骨干员工的薪酬可以不是行业最高水平，但是一定不要让他们跟朋友们谈到自己的待遇的时候感到无法启齿。公司 80% 的业绩是由 20% 的优秀人员创造出来的，在薪酬激励政策上要有倾向性，不能盲目地搞平均主义，那样会让公司走向平庸。毕竟优秀员工也需要优秀的待遇，新生代对于薪酬的重视程度比职场老员工可能还要大。

5. 个人原因

例如离家远，公司没有食堂，异地工作等。

韬睿惠悦前几年的数据也能说明这点，如图 7-12 所示。

分层级		
一般文职员工 生产操作性员工	专业人员、技术人员	经理、总监、高级管理人员
1. 福利 2. 安全感 3. 薪酬 4. 假期、带薪休假 5. 发展技能的机会	1. 发展技能的机会 2. 薪酬 3. 福利 4. 独立工作的空间 5. 假期、带薪休假	1. 薪酬 2. 福利 3. 人员、企业文化类型 4. 发展技能的机会 5. 晋升机会
分性别		分年龄	
男性	女性	50 岁以上	30 岁以下
1. 薪酬 2. 福利 3. 发展技能的机会 4. 晋升机会 5. 独立工作的空间	1. 福利 2. 发展技能的机会 3. 薪酬 4. 假期、带薪休假 5. 独立工作的空间	1. 福利 2. 薪酬 3. 独立工作的空间 4. 安全感 5. 发展技能的机会	1. 发展技能的机会 2. 晋升机会 3. 薪酬 4. 假期、带薪休假 5. 人员、企业文化类型

图 7-12　员工的职业价值观

（二）不当离职带来的危害

不当离职的危害见图 7-13 所示。

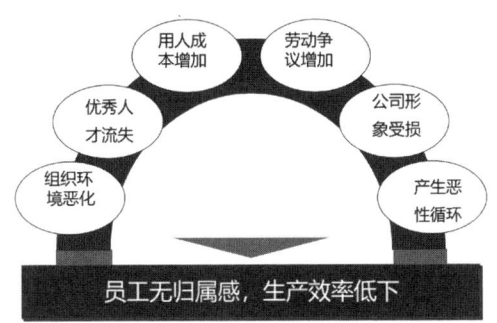

图 7-13　不当离职的危害

有的时候企业薪酬水平较高，但员工经营没做好，员工反而没有安全感和归属感，但凡有合适的机会就会选择离开。如果员工没有归属感，一定会影响生产效率，导致效率低下。

组织环境恶化。组织内人人自危，想做事的人做不了，不想做事的人更不会做事。

优秀人才流失。企业本来就位于行业内相对靠后的位置，招人难，而好不容易招来个人培养一段时间就走了。

用人成本增加。一个骨干员工离开后，需要花费大量的人力、物力招到补位的人，并且还不一定能够留下来。

劳动争议增加。一般来说员工归属感不好的公司，无论管理规范与否，都会有劳动争议。只要发生一次劳动争议，企业就会被列入黑名单，很可能次年会遇到稽查，非常麻烦。

公司形象受损，产生恶性循环。笔者曾经在一家外企工作，从事矿山相关的业务，有段时间招设计工程师，来应聘的都是来自同一家公司的员工，笔者一问得知这家公司效益不好，核心员工都在陆续离职。

如果企业呈现的情况是：好人留不住、"坏"人都不走、新人在干活，情况就比较严重了。所以企业既要做好主动的策略培养员工、留住员工，也要做好被动裁员的策略。

（三）员工离职征兆

1.频繁请假。一般初级岗位的员工会先请假，而中高级岗位的员工可能不会请假而是频繁外出。

2.电话突然间增多且接听神神秘秘。一般跳槽都是"骑驴找马"，先找到下家再提出离职，所以员工会有很多面试的电话，而且每次打电话都是避开人接听。

3.发言风格发生改变。例如向来大大咧咧的人，突然变得不怎么言语；或者原先办事谨小慎微的人，现在突然变得很豪放。

4.催促没有报销下来的钱。例如原先报销半年没下来都不会问，现在刚出差回来第一周就开始催促报销的事。

5.工作热情明显减少。从第四阶段的员工迅速成为第二阶段的员工。

6.开始整理文件和私人物品。例如办公桌面越来越干净，总在整理文件材料。

7.座位上个人物品迅速减少。例如员工原本一直放在桌子上的花，突然有一天不在桌子上了。

8.与同事私下交流次数增多。

业务领导者在部门一定要有信任的人，这样有一些信息会第一时间知道。有些业务领导者成天耀武扬威，部门中的员工要离职了，全公司的人都知道了，唯独他不知道，直到上级领导问他"某某员工要离职了？"他才意识到，这就丢人了。

归纳来看，员工离职主要的几个因素还是工作环境、职业发展和薪酬。在笔者看来最重要的原因还是职业发展做得不好，也就是公司没有经营好员工。如果员工在 35 岁前能学到技能，一般不会轻易离职。就像在第一讲中介绍的企业管理双通道，一是经营客户，二是经营员工。所以业务领导者要了解企业人才培养的方法。

五、留住核心员工需要建立机制和体制

公司老板、各级业务领导者和人力资源部门要协同配合，逐步建立适合本企业发展阶段的核心人员保留机制和体系，并在工作实际中应用起来，才会逐步形成良将如潮的局面。

（一）从战略的高度重视核心人才问题，树立人才培养意识

企业每年都要基于战略规划做人才规划，树立战略目标，培养战略支持部门、核心岗位的规范意识。各级业务领导者要从战略的高度看待本单位战略支撑岗位人才的发展、保留和激励的问题。要根据企业战略扩展、战略收缩、战略维稳的角度着手配备和发展关键岗位的人才。尽量避免遇事拍脑袋做决策，出了问题拍大腿后悔的事情发生。

（二）完善程序化沟通渠道，建立人员流失预警机制

非核心员工的流失对企业的影响相对较小，核心员工流失对企业的影响相对较大，所以要建立核心员工流失预警机制。企业要建立核心人才库，一旦库中人才提出离职，要立即采用挽留策略，通常在 1 小时内做出挽留动作还有希望，超过 1 小时基本就保留无望了。

（三）建立落地的企业文化，达到文化留人的目的

企业文化的建立要依据前面章节讲到的企业文化模型，逐步打造企业全员认同的核心价值观，即司品，规范员工的个人价值观，即人品。建立在价值观认同基础上的企业文化，会让大家有归属感和使命感。

当然，价值观的认同需要一个过程，甚至会有反复，也会有升级的情况。但最终要做的是始终如一的坚持。它需要引导、灌输、示范和融入制度里，继而融入员工的思维和行动中。出色的企业文化所营造的人文环境，对员工的吸引力是其他东西所无法比拟的。企业文化要尽量避免流于形式，企业经营者应当构建一个具有吸引力和凝聚力的组织文化，通过文化影响员工的工作意愿和

工作价值观，吸引、保留和激励优秀人才。

（四）建立企业内部人才规划管理制度，利用制度吸引人才

要营造吸引人才、保留人才的良好环境，务必要实现企业的规范化管理。企业内部有章可循，能够给员工安全感，才容易留人留心。首先，企业要根据发展战略制定明确的人才发展规划，让核心员工感到自己在企业有发展的机会，有助于提高核心员工的留任率。其次，要进行工作分析，明确各部门和岗位的工作职责和任职条件，使核心员工了解自己提升和发展的方向。最后，建立客观公正的人才配置机制，把合适的人放到合适的岗位上，不能用人唯亲，要用人所长，充分发挥员工的潜能。

（五）建立制度化的约束机制和长期的激励机制，引导人才有序流动

通过制度文化来引导人才的有序流动。首先，建立规范的劳动用工制度，约束企业和业务领导者的行为，保证员工的合法权益。其次，建立长期激励机制，鼓励符合条件的管理人才和专业技术人才以资金和自身人力资本入股，员工和企业利益共享、风险共担，有利于稳定队伍。核心人才的中长期雇佣，不但有利于稳定人才队伍，而且有助于人才专注于工作和研究，有利于技术成果的涌现和人才自身的成长，从而实现个人与企业的双赢效果。最后，建立离职管理制度。从辞职申请、挽留程序、辞职审批、工作交接、离职面谈、办理离职手续上予以规范。

企业要建立多轮离职面谈。例如，国内一家非常有名的互联网公司，建立了 7 轮离职面谈制度，往往谈到第 5 轮，员工就受不了了，直接说："领导，我不走了。"这种手段可能相对极端，但是也有用。最好的离职面谈机制是开诚布公地和员工谈离职的真正原因，看能不能挽留，不能挽留就建立风险机制。一般面谈涉及员工直接领导、人力资源部门，如果是非常核心的员工，老板也可以与其谈一谈，这样做没有坏处，既可以知道员工离职的原因，也可以了解员工离开公司后做什么。

（六）利用事业留住人才，做好经营员工的工作

影响核心人才敬业程度的最主要因素是职业发展机会。如果企业能了解员工的个人发展计划，并尽量配合员工促其达成目标，就必然使员工产生成就感，没有人会愿意离开一个能不断使自己获得成功的组织。企业通过了解核心人才的任务完成情况、能力状况、需求、愿望，设身处地帮助他们分析现状，设定未来发展的目标，制订实施计划，使他们在为企业的发展做贡献的过程中，实现个人的人生目标，用事业或职业发展机会留住他们。企业要帮助他们掌握各种知识与技能，提供实现个人专长发挥的机会，铺设职业发展的阶梯，使他们在了解自己所拥有的技能、兴趣、价值取向的基础上，在尊重他们个人意愿的基础上，尽量使其所长与公司发展所需一致，实现个人与组织双赢。

如果企业人力资源部门没有打通员工的职业生涯发展通道，也没有教会业务部门领导如何给员工做职业生涯规划，企业经营员工就是空话。而职业生涯规划真正落地靠的是业务领导者的使用实践，如果业务领导者不明白职业规划是什么，也不懂怎么使用，此事基本上会做成两层皮，培养下属一定是空话了。

（七）建立严格科学的考评体系，构建体现人才价值的动态的薪酬制度

核心员工一般都希望自己的能力能够得到充分的发挥，自己的工作能够得到企业的及时、准确评估和认可，以此获得事业上的成就感和满足感。因此企业应建立一套完整的员工绩效评估体系，及时对核心员工的工作进行评价。该评估系统必须能够对员工的工作给予客观公正、全面准确的评价，让员工及时了解自己的业绩情况，从而极大地激发员工的工作热情。薪酬激励是企业吸引、留住人才的重要手段。首先，报酬分配应施行不同职位不同定价、以能力和业绩为导向、业绩薪酬与技能薪酬相结合的策略，充分体现出人才价值，在公平的基础上，向核心员工倾斜。其次，企业的薪酬制度还要具有人力资本参与价值分配的功能，通过员工持股计划、期权激励等不同形式达到长期激励核心人才的目的。

（八）建立核心人才继任机制

核心人才的继任机制是为某些关键职位选拔、培养继任人和接班人的机制。其目的是建立起继任人选择培养的流程化、标准化的制度。继任机制的优越性在于建立稳定的核心人才梯队，激励核心人才的进步与竞争，培育企业继续发展和应对市场竞争的核心能力。企业实施延续管理的思路是：通过知识延续评估，找出企业里最不能流失的核心营运知识，即找出企业的核心竞争能力。首先，通过计算离职率、离退休人数以及职务设计，确定企业哪些岗位需参与延续管理，评估出知识延续的程度。其次，制定获得、转移核心营运知识的方法，即建立组织内部知识库。企业可以评估核心人才的流失对组织的关键知识传承的影响，并了解继任员工是否已掌握该关键知识，必须确保企业重要的关键知识传给继任者。换言之，即使留不住优秀的员工，也一定要把这些关键知识留下来，而且企业应注意适时对这些关键知识进行创新，真正实现智力资本的掌控，降低核心员工流失的破坏性。图 7-14 所示为某 500 强接班管理模式。

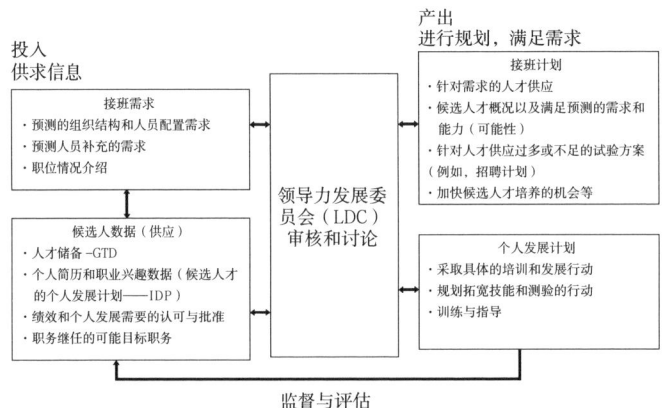

图 7-14　某 500 强接班管理模式

（九）从招聘入手，把住源头关

企业在招聘工作中一定要坚持人职匹配，人事相宜，做好应聘者的测评工作，既不进行人才低消费，也不实践人才高消费，只有这样才能保证所招募的人员是合乎企业需要的"合适人才"，企业后续的留才策略才能对其行之有效。

（十）让离职人才敢吃回头草

在人才竞争日趋激烈的今天，得人才者得天下，让离职人才再次回到企业重操旧业，不仅可以给企业的人才竞争力增色不少，更可以带来诸多益处。

- 节省人力成本。
- 在员工心目中树立企业以人为本，宽容大度的形象。
- 增强企业的向心力和凝聚力，尤其是对那些"吃回头草"的人来说，他们将会更加珍惜现有的工作机会，为企业的发展鞠躬尽瘁。
- 对内部人才也可以起到一个很好的警示作用，告诫他们，外面的世界很精彩，外面的世界也很无奈。

（十一）提升各级主管的人员管理能力

主管是跟员工直接打交道的人，日常沟通都是在员工和领导之间展开，所以主管领导的管理能力直接影响到员工对企业的认同度。业务领导者务必要把自己当作企业的主人看待，认真地培养下属。

1. 任务与督导技巧

主管既要将任务分配给下属，又要做好反馈和跟催。

2. 员工辅导

员工最需要的还是领导的辅导。

3. 团队士气提升，关怀员工

鼓励员工成长，在员工表现好的时候要及时表扬。

4. 有效激励

让员工感受到来公司上班是有价值的。

5. 主动沟通

通过日常的辅导和激励动作，以及走动管理，及时发现员工的工作问题和情绪问题，即时沟通处理。不要等到问题积累大了再去处理，那样成本太高。

企业应加强内部沟通机制，建立和健全、改善激励机制，建立激励菜单，注重员工的个人战略，建立人才地图，加强对员工和主管的培训。业务领导者应有容人的胸怀、尊重和采纳合理化建议、授权和共享权力、培养资深员工、做好教练工作、强化辅导和培训、弱化刚性的绩效考核、善用弹性管理以及关怀管理。

六、企业案例：某集团公司的后备人才发展方案

该案例是笔者曾经工作过的一家集团公司的后备人才发展的案例。关于后备人才选拔的内容，大家可以去看《招聘的 8 节实战课》，那里面有比较详细的说明。

本节后面的附件是后备干部管理办法，可以匹配着来学习。

（一）×× 集团学习地图

如图 7-15 为 ×× 集团的学习地图。

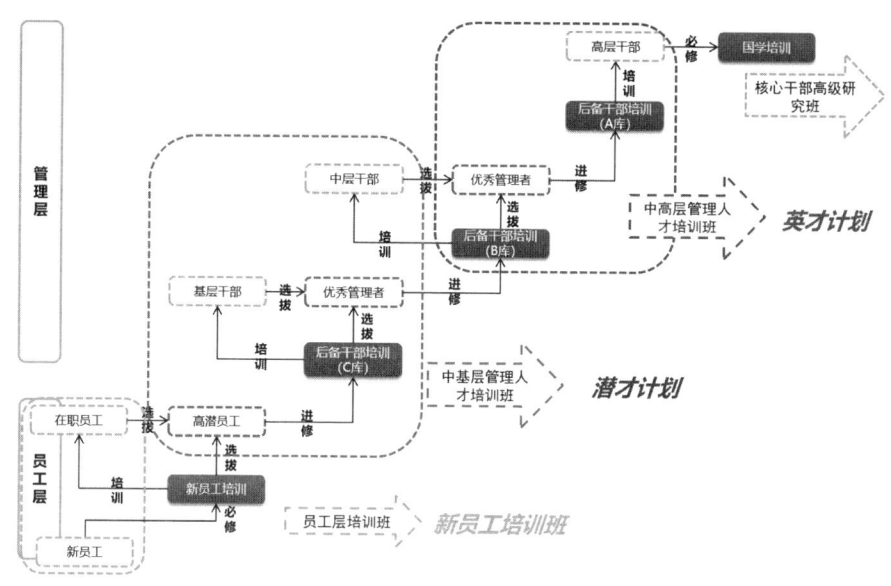

图 7-15　学习地图

（二）年度培训计划

1. 骨干员工培训班——潜才计划

【项目名称】"潜才计划"培训班

【培训对象】　集团总部各部门处级、副处级干部，各部门推荐的骨干员工（后备处长）。共有 78 人。

【培训目标】　通过对各部门推荐的骨干员工及副处级干部的培训，形成处级干部的后备人选，同时为现有处级干部进行管理技能普及及提升。

【培训内容】

·八项基本管理技能（3天2夜）：计划、行动和检查、充分授权、有效指导、制定绩效期望、传达极小期望、有效沟通、培训员工、室内沙盘。

·MTP管理培训（3天2夜）：管理基本认知、自我管理、工作管理、人员管理、领导能力提升、室内沙盘。

【培训时间】年 月

2. 后备管理人才培训班——英才计划

【项目名称】　"英才计划"培训班

【培训对象】　集团总部各部门总经理、副总经理及部门推荐的优秀处级干部。共有 47 人。

【培训目标】　通过对优秀处级干部及副总级干部的培训，形成总经理级干部及外派干部的后备人选，同时为现有总经理级干部进行领导力提升。

【培训内容】

卓越领导力（2 天 1 夜）：领导力概念、动员群众、解决难题、自我修炼。

【培训时间】年 月

（三）××集团管理人才培养流程图

如图 7-16 为 ×× 集团管理人才培养流程图。

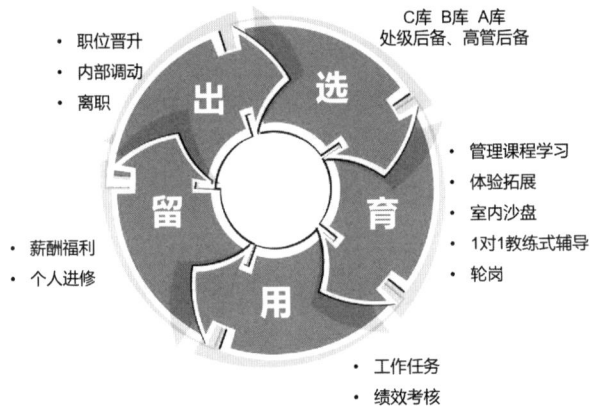

图 7-16　管理人才培养流程图

（四）××集团管理人才培养体系分工表

如图 7-17 为 ×× 集团管理人才培养体系分工表。

	用人部门	招聘调配处	培训开发处	绩效管理处
选	推荐	人才测评	选训 培训调研 访谈	出具绩效
育	工作任务 导师辅导		培训课程	
用	部门内轮岗	调配制度	跟踪评估	考察
出	提出	调配	培养报告	考核

图 7-17　人才培养体系分工表

职场感悟：35 岁到 55 岁是中年危机期，四个故事讲述中年人的不容易和对策

一、到了 30 岁，对自己的工作不满意，敢不敢辞职创业？

如果真有想法，那就去试试，反正还年轻。不要等到了 40 多岁，找工作都没人要了再去辞职创业。

30 岁，对自己的工作还不满意，不知道你是对工作性质不满意，还是对个人收入不满意呢？

如果是对工作性质不满意，为什么不早一点转行呢？这样拖了这么多年是为了什么呢？胆量不够吗？还是个人过于磨叽？如果你不是一个果断的人，我建议不要辞职了，将来你一定会后悔，你还会埋怨是别人建议你辞职的。

如果是对收入不满意，那么要看一下个人的贡献是不是配得上个人的投入呢？很多人整天消极怠工，还对个人收入不满意，也没什么本事，到了 35 岁，如果个人的能力和职位还不行的话，很有可能会被公司开除。

所以，创不创业不是重点，而是个人有没有能力创业？依托什么创业？

二、39 岁的女人有两个工作可选，一个是月薪 1 万元离家近，另一个是月薪 18000 元离家远，照顾不到孩子，该怎么选？

我认为这要看你的家庭对你的工作要求了。

我有个朋友，职业讲师，孩子小，老公赋闲在家。如果让她做以上的两个选择，她肯定选择月薪 18000 元的，因为家里缺钱啊，能多挣点奶粉钱，她一定会挣的。她现在每年在全国各地讲课，没有想过找个稳定的公司上班，因为家里需要钱，老人也需要赡养。

如果你的家境比较好，不缺钱，你只是需要有个地方工作，那么最好是选择月薪 1 万元离家近的工作，如果家里很缺钱，那就选择月薪 18000 元离家远的。相比较照顾孩子，生存可能是第一选择。

三、假如你现在 40 岁，单位让你提前退休，你愿意吗？

这个有什么愿意不愿意的呢？

如果你有本事，可以在 40 岁退休，退休之后一方面可以拿到一定的退

休金，另一方面可以根据自己的实际情况去创业，或者再去寻觅一份自由职业也是很不错的。现在很多"斜杠青年"，都是在 40 岁之前走向自由职业的。他们一方面需要自己缴纳养老保险，另一方面凭借个人知识和能力争取不菲的劳务收入，貌似没什么不好的。如果你具备了做自由职业的能力，而单位让你提前退休，当然可以啊，一方面单位会给你一部分退休补偿，另一方面也会给你缴纳社保或者支付退休金。

如果你没本事，提前退休的话，就会非常的惨。一方面收入会大幅度下降，另一方面生活的其他需求也会很难达成。另外上有老下有小，到处都需要钱，那会把人愁坏的。

所以，你现在 40 岁，单位让你提前退休，你愿意与不愿意是有条件的，就是你自己有没有本事。

四、如果年龄过 50，工龄满 30 年就可申请退休，你觉得如何？

这个话题看着挺有诱导性的。我老家有个小学同学，做的是财务工作，可是她非常不喜欢那份工作，于是就在 45 岁的时候通过各种关系办理了内退手续。上次"十一"回家，他哥哥跟我闲聊的时候说起她的事情，据说生活非常的惬意。她平时在家带孙子，没事去遛遛弯，爬爬山，貌似开始了人生的高光时刻。

所以，这个问题我感觉应该分成两类来看。

（一）像我同学那样，不喜欢当下的工作

如果是这样的话，在公司工作的时间就是折磨，上班如"上坟"，非常消磨人。如果有这样的机会，最好还是积极申请早点退休。退休后可以去享受生活，爬爬山、跳跳舞、旅旅游、唱唱歌、弹弹琴，都可以的。如果个人还有特别感兴趣的工作，也可以适当尝试一下，没准儿可以迎来人生的第二个巅峰呢？

（二）有些人因为各种原因，不太愿意提前退休

这样的情况也是有的，比如家里经济情况比较糟糕，特别需要有一个人工作挣钱来养家。这样的人，一般情况下，即使工作的时候不顺心，也能忍下来。

还有一类人是公司大领导，比如有一家 3000 人的公司的董事长，已经 70 多岁了，也没想着从一把手的位置上退下来。有朋友问他怎么还不交接班？他说工作是他保持青春的秘籍，想着每天可以对 3000 人发号施令，心里就美滋滋的。

还有一类是公务员群体，如果职位很高，提前退休对于他们来讲就是政治生命的终结，会有很大一部分人不愿意在岗位上退下来，有些人即使年龄到了，也会努力争取延迟退休几年。

（三）建议

具体到不同的人员会有不同的处理方式。每个人要根据自己的能力、精力、体力和经验，以及客观环境来判断到底是坚持到底，还是急流勇退。这个没什么好的建议，有的时候个人和工作的环境都很有利，可是如果大的外部环境发生了剧烈变化，也要临时做出决策。

第 8 堂课　人力资源管理的几个靠谱的逻辑

企业的成功除了企业发展跟上了时代的大势之外，最大的助力是有力的领导者和强有力的人才梯队建设。阅读人力资源管理大师戴维·尤里奇和拉姆·查兰的著作也会发现，人力资源管理尤其是企业的经理人队伍的建设，是企业领导者最优先考虑的事情。

　　要想知其所以然，先要知其然，本章节介绍几个人力资源模型给业务领导者。

　　本章节学习内容。

·人力资源的逻辑模型

·人力资源的管理模型

·三种企业管控模式

·三种人力资源管控模式

一、人力资源的逻辑模型

做生意要有商业模型，做业务要有业务模型，做企业要有经营模型，做人力资源也要构建几个务实的人力资源模型。人力资源工作属于职能模块的工作，想要出彩的话，人力资源经理人头脑中一定要有经营的意识，努力经营好公司的人力资源工作，而不仅仅是做好人事工作。

企业的经营大体上可以分为**经营客户和经营人才**两条线：经营好客户能带来比较好的经济收益；通过人才发展体系的构建来培养员工和经营人才，使员工能够心甘情愿地服务企业的客户，必然会提高客户的忠诚度，企业经营的经济性目标反而成了副产品。

笔者依据经营人才的理念设计了以下人力资源逻辑模型，如图 8-1 所示。

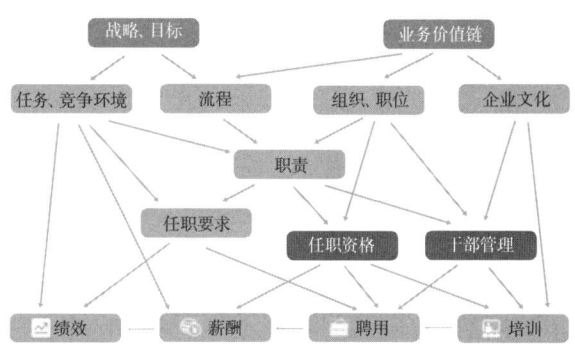

图 8-1　人力资源逻辑模型

上述逻辑模型中，最下方是人力资源的四个核心模块：绩效、薪酬、聘用和培训。除此之外，人力资源工作还包含任职资格、干部管理、企业文化、员工关系、职位管理、人力资源规划、组织发展等。这些都是人力资源管理的核心内容。从这个模型可以看到，人力资源所有的工作都是从模型最上面的两个模块派生出来的，即企业战略目标和业务价值链，这是人力资源工作的源头。

企业人力资源所有模块的工作，究其源头一定是业务，是从企业的业务目标需要派生出来的。如果企业人力资源管理的工作与企业的战略目标、业务价值链不一致，一定是违背企业经营初衷的。所以说，在做团队人力资源管理的时候，一定要先判断如下几个问题。

- 企业基本状况怎么样？
- 企业处于生命周期的哪个阶段？
- 企业的战略目标是什么？
- 企业当下主要工作目标有哪些？
- 企业业务价值链是怎么展开的？

这样在带领团队的时候，才会有的放矢。

在企业发展的不同阶段，人力资源工作的侧重点也不尽相同。

企业在创业初期，最主要的人力资源工作就是业务模型的设计，明晰业务模型之后，还需要界定业务目标。业务模型和业务目标清晰之后，第二项工作是人员梯队的搭建，创业初期主要是业务团队和技术团队的搭建，不需要搭建特别大的职能团队。然后把人和资源集中投入到目标业务中，开疆辟土。所以创业初期企业人力资源的主要工作是人员招聘和新员工的培训，迅速地为企业的发展招募到质优价廉的人才以及战略型人才，同时培养新人，使其快速适应企业中的角色，发挥价值。

企业在发展稳定期，企业业务和人员相对比较稳定，最主要的人力资源工作是薪酬激励、绩效激励、人才的保留和培养、企业文化建设。这个阶段企业业务成熟，流程规范，薪酬在同行中一般是跟随型，不占优势，所以人员的激励和人才梯队的搭建显得尤为重要，要为企业以后的发展保留和培养足够的人才。比如杰克韦尔奇时代 GE 的 5000 人，阿里巴巴的 200~300 人计划就是比较好的思路。

当企业进入衰退期后，最主要的人力资源工作是配合企业业务转型和退出，做好裁员和稳定工作。这个阶段企业的大方向应该是培育新的增长点和战略转移，原有的业务如果不能创新就需要逐步退出经营、维持稳定或者整体出售给其他企业。

那价值链是什么呢？如图 8-2 所示，这是一个基本的价值链示例。

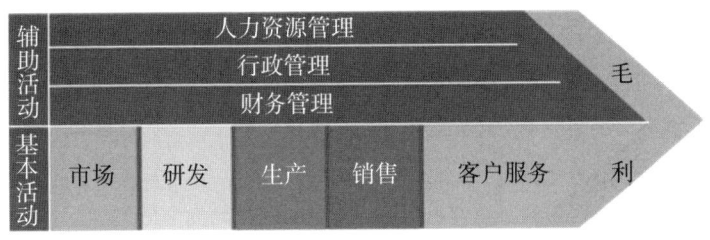

图 8-2　一般价值链示例图

从图中可以看到，价值链的基本活动包括市场、研发、生产、销售和客户服务。

（一）市场环节

企业要通过市场活动，找到市场里有哪些需求（产品和服务）。因为企业存在的核心目的是通过分工和协作，提高生产效率，为客户提供更多更好的产品和服务，所以说市场需求分析是价值链分析的首要工作。

（二）产品研发环节

企业发现市场需求后，企业内部要判断能不能研发出合适的产品和服务来满足客户的需求，企业的技术部门或者研发部门要做可行性分析，从技术上和经济上判断产品和服务的可行性，然后做定制性开发。

（三）产品生产或服务提供环节

企业产品研发出来了，能不能生产出来？如果不能生产出来，怎么办？当然，现在互联网企业的价值链不再是直线型的，很多是弯的，企业自己不能生产产品也不再是问题了。他们可以把生产外包出去，只要做好供应链的管理即可。这一点苹果公司和小米公司做得非常好。合格供应商管理已成为关键能力。

（四）销售环节

产品生产出来之后，如果不能销售出去，实际上就变成了库存，成为沉没成本，对企业是非常不利的。有市场需求，说明有用户，但不一定是你的客户，互联网企业的客户和用户的价值差异是比较明显的，如果不能把用户转化成你的客户，生产得越多问题就越大，所以销售环节很重要。

（五）客户服务环节

通过前面四个环节，产品到达客户了，再通过技术服务和客户服务，让客户满意，达到重复销售的目的。

以上是企业价值链的基本活动。一般企业做战略规划时，都会从这几个方面去考虑，确定年度计划时，也会从这几个方面去设计。但是，当战略或者年度计划在企业实际经营过程中展开后，我们会发现有遗漏。

· 在哪里生产？涉及厂房或者设备，属于行政管理。

· 谁来生产？属于人力资源管理。

· 用多少钱来生产研发？属于财务管理。

· 公司的业务流程顺不顺？属于信息化管理。

这些在价值链上属于辅助活动，将主要活动和辅助活动相结合，推导出的结果就是毛利，这就是价值链。

业务领导者一定要明白：**人力资源所有的工作都是从业务派生出来的**。人力资源的工作要来自业务，要为业务服务，所以再给人力资源部门安排工作的时候，一定要看一下是否与业务发展相匹配。

二、人力资源的管理模型

人力资源的逻辑模型讲述的是人力资源职能工作和企业业务经营的内在关

系，即企业人力资源工作源于企业业务的需要。而人力资源管理模型着重介绍由业务目标到人力资源的诸多模块的内在关联。

笔者给出的模型如图 8-3 所示。

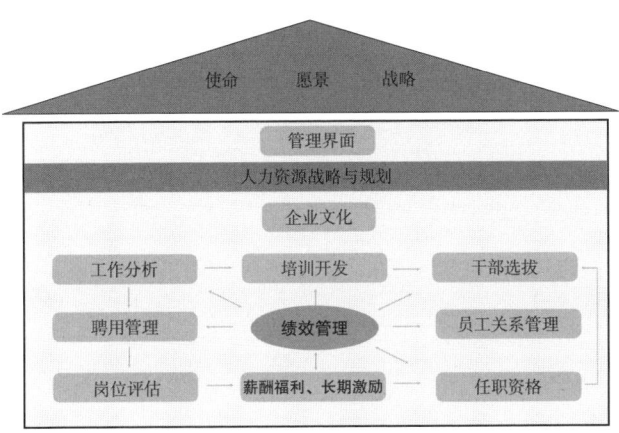

图 8-3　人力资源管理模型

这个模型分屋顶和房间两个部分。屋顶是企业使命、愿景和战略。中间用管理界面切分了一下，房间是人力资源的相关职能模块。

（一）使命

企业经营的源头是使命，人力资源工作的源头也是企业的使命。什么是使命呢？使命就是企业为什么存在的理由，使命是外部驱动的，即外部看这个企业是做什么的。企业的使命是在不断进化的，在企业规模很小的时候，使命只有一个，就是挣钱，先让自己活命。当企业发展壮大了，尤其是人员超过了100 人，销售额在一个亿的时候，企业的使命就已经细化了，变成企业今后较长一段时间内所要追求的价值了。

·麦肯锡：帮助杰出的公司和政府更为成功。
·沃尔玛：给普通百姓提供机会，使他们能买到与富人一样的东西。
·英特尔：成为全球互联网经济最重要的关键元件供应商，包括在客户端成为个人电脑、移动计算设备的杰出芯片和平台供应商；在服务器、网络通信和服务及解决方案等方面提供领先的关键元件解决方案。

· 华为：聚焦客户关注的挑战和压力，提供有竞争力的通信解决方案和服务，持续为客户创造最大价值。

· 百事可乐：立志成为世界首屈一指的、主营方便食品和饮料的消费品公司。在为我们的员工、业务伙伴及业务所在地提供发展和创收机会的同时，也努力为投资者提供良性的投资回报。所有经营活动遵循诚信、公开、公平的原则。

· 西门子：为消费者和股东创造价值。

（二）愿景

愿景是企业在使命的引领下所要达到的美好情境，即企业将来发展成什么样子。说白了就是老板经常给大家画的那张"大饼"，例如将来我们要上市，我们要普惠每个员工，给每人配房配车，或者给员工的生活带来的某些便利，等等。愿景是企业内部驱动的，是企业为了达到外部客户期望，需要做什么，做到什么程度。比如以下企业的愿景。

· 西门子：成为行业标杆。

· 华为：丰富人们的沟通和生活。

· 联合利华：每一天，我们都致力于创造更美好的未来，我们的优质产品和服务，使人心情愉悦，神采焕发，享受更加完美的生活。我们将激发人们：通过每天细微的行动，积少成多而改变世界。我们要开创新的模式，在将公司规模扩大一倍的同时减少我们对环境的不利影响。

我们深信，能够带领旗下的众多品牌改善人们的生活，同时履行社会责任。我们要建立成功的、可持续的企业，也要认识到，诸如气候问题等全球面临的挑战也和企业息息相关。我们必须时刻考虑自身对环境产生的影响，这一点应深深植根于我们的根本理念中，也反映在企业的全球愿景中。

· 百事公司：在环境、社会、经济等各个方面不断改善周围的世界，创造更加美好的未来。

百事公司的可持续发展愿景是"百事公司的承诺"的基础。它表达了我们的基本信念：只有对社会有益的行为才是企业正当的行为，这涉及整个世界的繁荣兴旺，以及公司自身的健康发展。

·英特尔公司：超越未来。英特尔公司的工作是发现并推动技术、教育、文化、社会责任、制造业及更多领域的下一次飞跃，从而不断地与客户、合作伙伴、消费者和企业共同携手，实现精彩飞跃。英特尔公司将推进技术更迅速、更智能、更经济地向前发展，同时最终用户能够以前所未有的精彩方式应用技术成果，从而令其生活变得更惬意、更多彩、更便捷。

（三）战略

战略是企业达成愿景的路径。一般情况下，企业的战略周期有 3 年、5 年或者 10 年，时间跨度视企业的管理偏好。一般企业 10 年的战略都是不太靠谱的。一般管理能力好一些的企业能做好 3 年的战略规划，并逐年滚动发展是比较好的。战略是组织能力和 KPI 驱动的。当然，企业战略的优劣也决定了企业人力资源规划的优劣。凯洛格的董事长王成在《战略罗盘》一书中提到关于决定企业战略优劣的四大问题。

·战略有没有？你有战略吗？如果有，你能用一句话说清楚公司的战略吗？这是计划视角要解决的核心战略问题。

·战略好不好？你所拥有的战略是个好战略吗？战略不仅有高下之分，还有好坏之分。这是定位视角要解决的核心战略问题。

·战略实不实？战略不能务虚，任何战略都需要充分的资源和扎实的能力作为战略落地的基石，这是能力视角要解决的核心战略命题。

·战略快不快？天下武功，唯快不破。在剧变时代，你不仅需要科学规划战略，更需要加速进化战略。这是学习视角要解决的核心战略命题。

所以人力资源职能战略的"有、好、实、快"也取决公司战略规划能力。

（四）管理界面

屋顶和房间的中间是管理的界面。一般企业发展到一定规模之后，管理者就会对管理界面这个词熟悉起来。尤其是建立分支机构之后，随着分公司和子公司的跨区域建设，管理界面的概念和应用就会浮出水面。管理界面的内涵包括：总部有哪些权力，分支机构有哪些权力，总部部门有哪些权力，分部部门有哪些权力。管理界面的划分就是对总部的权力和分部的权力的界定，这就意味着：如果企业总部权力大，那么总部聘用的人员的能力要强，并且编制要多，相应的分支机构的编制和人员会少一些、能力低一些；而如果分支机构权力大，那么分支机构聘用的人员能力要强一些，编制也要多一些。

所以管理界面的确定，实际上就是权力的划分，然后基于此去做人力资源战略和规划，即人力资源规划（HRP）。

（五）工作分析

企业战略目标和年度计划目标确定完毕之后，公司的各级经理需要研究以下四个内容。

第一步，研究本公司需要多少个业务线，多少个一级部门，多少个二级部门和多少个岗位，每个部门和岗位需要具备什么样的职能才能支撑公司的战略目标和年度目标，这步是定岗的工作。

第二步，研究各部门、各岗位需要配备多少人员，才能把工作目标达成，这步是定编的工作。

第三步，盘点一下公司现有人员，哪些人员需要晋升？哪些人员需要技能提升培训？哪些人员需要裁掉？确定公司人员缺口，并制订招聘和培养计划。这步是人才盘点工作。

第四步，研究为了保留、激励和发展现有人员，以及拟招聘人员，应该制定哪些人力资源的政策。

（六）聘用管理

招聘包括内部招聘和外部招聘，基于工作分析的结果，人力资源部门配合业务部门做好员工的甄选工作。只有合格的人员到岗之后，企业的正常经营才能开展，没有人，一切的规划和计划都是空谈。

聘用管理的内容包含 8 个章节，笔者已经在《招聘的 8 节实战课》一书内做了详细分析。

（七）薪酬管理

在做完工作分析的基础上，明晰了组织架构、部门职责和岗位说明书之后，要做岗位的评估。

岗位评估是要评估各岗位在公司内部价值贡献上都处于什么样的水平。根据价值贡献把企业内的岗位等级划分出来，同时结合企业的职系和岗位等级（职位等级），把岗位等级按管理、研发、营销、设计、生产等划分出来，形成薪酬的结构，再结合薪酬调查、绩效策略，设计出企业的薪酬体系和福利策略。

（八）绩效管理

房间的正中间是绩效管理，因为绩效管理是企业战略落地的工具：**绩效管理的源头是企业的战略目标和年度计划目标**。企业为了达成目标，首先要搭建企业的三级目标体系，基于目标体系形成配套的 KPI 指标体系，然后根据配套资源形成计划；基于企业的目标做工作分析；基于工作分析形成的编制预算做人员的配置（含招聘工作）；基于工作分析形成的岗位说明书做岗位评估，形成薪酬结构和薪酬体系；基于人员的配置会涉及人员的猎取和发展，人员的发展实际上包含干部的选拔和培养，在做干部选拔和培养的时候，会涉及素质模型、任职资格的设计、培训体系的搭建。所以绩效管理模块可以说是一个平台模块。

当然，绩效考核的结果会应用在员工的培训、晋升、薪酬晋级、评优、人员的进出（员工关系管理）等方面。绩效管理的内容包含 8 个章节，笔者已经在《绩效管理的 8 节实战课》一书做了详细分析。

（九）企业文化

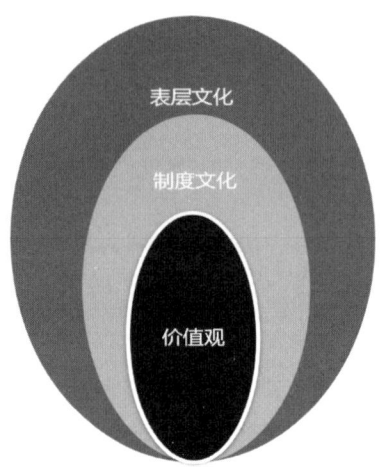

图 8-4　企业文化模型

　　人力资源管理的模型源头一定是企业的使命、愿景和战略，然后才是围绕着绩效管理去展开的。当然，还有一个模块是企业文化。企业文化比较特殊，它类似"水"，糅合在所有的管理模块中。图 8-4 是企业文化模型，核心是价值观，落地靠制度文化，树立形象要有表层文化。

　　以上就是人力资源的管理模型，这个模型说明企业的人力资源的各个模块之间是相互联系的，是有内推关系的。业务领导者一定要弄清楚其中的套路，避免做错事，说外行话。

三、三种企业管控模式

　　企业的治理逻辑不同，配套的人力资源管控模式也有差异。

　　企业的管理界面不同，管控的模式也不同，企业的人员配置也是不一样的。集团型的公司从总部与下属公司的关系、管理目标、总部的核心职能三个方面，按照分权和集权的比例大小，将企业管控的模式分为三类：第一类是财务管理型，第二类是战略管理型，第三类是操作管理型。如下图 8-5 所示。

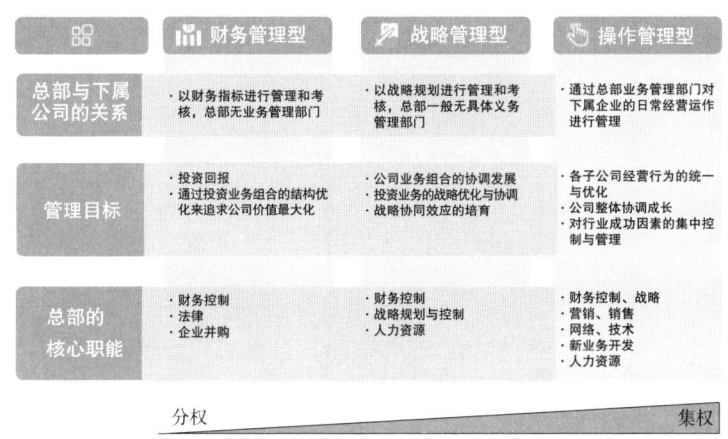

图 8-5　企业管控的三种模式

（一）财务管理型

财务管理型的企业，总部对下属公司是以**财务指标**进行管理和考核，总部没有业务管理部门，总部对于下属公司的管理，只有财务上的指标，每年做到多大的盘子或者挣多少钱就行。财务管理型企业通过资产的配置来实现集团管控的目的。

财务管理型的企业管理目标是追求投资回报。企业投出去的资金，能给企业带来什么样或者多少回报要提前测算，然后通过投资业务组合的结构优化来追求公司价值的最大化，这也跟公司的风险喜好程度相关。财务管理型的企业总部可能不过问被投资企业的具体的管理动作，但对于投资的业务组合会仔细研究，这些业务之间通过配比高风险和低风险资产比例，来达到追求价值的最大化或者风险适合的目的。

总部的核心职能就是财务控制、法律和企业并购。第一个核心职能，财务控制就是要控制财务风险，在战略管理型和操作管理型中总部都有财务控制职能，从这一点上看，企业经营的核心目的之一是挣钱。

第二个核心职能是法律，由于财务管理型企业主要是通过投资的模式与被投资企业产生关系，管控的手段不多，最多签对赌协议。管理的风险还是比较高的，经营中可能会出现被投资企业耍赖皮的情况，为了控制风险，财务管理型企业一般都会设立法律事务部，主要是对风险进行管控，包含投前、投中、投后的风险管理，也可以委托外部律所，不过内部法律事务部门是必不可少的。这块职能很重要，尤其是在法律法规不是很健全的国家，企业采用财务管理型方式还是有比较大的风险压力的，因为总部没有业务管理部门，对投资资产的管控很弱，也不派管理人员，所以要有一个很强的法律事务部门。

第三个职能是企业并购，因为采用财务管理型的企业追求的是投资业务的组合。投资给谁？为什么投？风险怎么管控？怎么合规？都是投资并购部门要考虑的问题，投资并购本身也是这类企业最主要的业务，所以选项目、控风险、投后管理这几个关键步骤要走好。

从总部与下属公司的关系、管理目标、总部的核心职能三个方面来看，财务管理型的企业，总部一般没有什么业务管理部门，几个核心部门人员也比较精简高效。所以这样的管理模式，要求总部投资部门、法律部门还有企业并购部门的人力资源的配备要精简，人员能力要高，至少以一当十。

（二）战略管理型

战略管理型的企业，总部与下属公司的关系是以战略规划进行管理和考核的，总部一般无具体业务管理部门。这跟财务管理型稍有区别，虽然总部也没有具体的业务管理部门，但是总部要做战略规划。总部根据大的战略规划提出每年的规划目标，下属单位依据总部的战略要求，部署本单位的具体的业务工作，年中、年底根据目标达成的情况，总部对下属单位做目标考核。而财务管理型企业多数都是通过法律条文的形式做约束，如果下属单位要达到一定规模或收益的话，按照约定应该怎么处理，达不到一定规模或收益的话，要怎么处理，一般需要签一份对赌协议做约束。

战略管理型企业管理目标是公司业务组合的协调发展，投资业务的战略优化与协调，还有战略协同效应的培育。举个简单例子，绿城是一个综合性的房地产公司。绿城除了是开发商之外，前几年创新出了一个代建的业务，就是在土地储备不足的情况下做其他地产商的代建业务，给其他房地产开发公司做地产的开发建设，包括做前期的设计（因为绿城有设计院），施工过程中的物料采购（因为绿城有采购平台），以及做建设施工，包括监理这方面的管控。这样的操作，实际上意味着其他开发商拿了一块地，绿城代建可以把开发做完，甚至连销售也包了。这就要求绿城的设计、采购到后续的施工，甚至到销售环节，都是协同的，能共享优势资源，充分发挥设计院、采购平台等环节的资源共享优势。

战略管理型总部的核心职能包含财务控制、战略规划与控制和人力资源管理。在这里没有提到法律，因为此种管理模式下，对于下属单位的管控，总部要派高管，比如总经理、副总经理、财务总监、董事或监事。这样总部可以有比较直接的管理控制动作。

战略管理型管控模式，在当下国内是比较多的。总部对下属单位有管控，管控是从大的方向去把握，但又不是放手不管，也不是一竿子到底。下属单位有相应的权限，而大的战略方向、财务控制、高管的委派和考核，总部也能抓起来。

（三）操作管理型

操作管理型的企业，总部与下属公司的关系，是通过总部业务部门对下属企业的日常经营运作进行管理的。这是对下属公司控制最强的一种管理模式，一般下属单位有什么部门，总部就有什么部门，总部有专门的业务管理部门。

操作管理型企业的管理目标之一是各子公司经营行为的统一和优化，各子公司的行为都是一样的，就像是双胞胎。要达到步调统一和优化，公司各单位整体协调成长，需要通过对行业成功因素的集中控制与管理，达到集中管理的目的。基本上子公司的哪些部门怎么干，什么时候干，在哪里干，甚至干成什么样，都要听总部的指令。

操作管理型总部的核心职能包含财务控制、战略、营销、销售、网络技术、新业务开发和人力资源管理。实际上公司运行的每个模块总部都统筹了。下属单位就是总部的一个部门或者派出单位，权限很小。

财务管理型、战略管理型、操作管理型这三类企业管控模式，由于采用的管控模式不同，总部和分支机构人员的配备，人员的数量、人员的能力是不同的。所以人力资源经理人开展人力资源管理工作的时候，一定要弄清楚本公司总部和分支机构的管控模式。如果搞不清楚，在做人员配置的时候，会出现能力超配，或者能力不足的情况。

管控模式的不同，决定了总部和下属单位用人的能力水平和数量的多少。

· 财务管理型企业。总部人员能力会很强，且人数少，下属单位人员能力强且数量多。

· 战略管理型企业。总部和下属单位比较均衡。人力资源经理人一定要帮助总经理梳理清楚企业的管理模式，以便在人员配置的时候不闹大的笑话。

· 操作管理型企业。总部人数多且能力强，下属单位人数少且能力一般。

四、三种人力资源管控模式

与企业的财务管理型、战略管理型和操作管理型三种模式对应的企业人力资源管理模式可以归纳为松散管理型、政策指导型和操作指导型三类。下面将按照特点、优点和缺点依次介绍这三类人力资源的管理模式。

（一）松散管理型

· 特点：总部对分（子）公司人力资源管理基本没有管控，或者只有框架性的政策指导，分（子）公司自行决定并实施各自的人力资源策略及运作方法。

· 优点：各分（子）公司完全按照自身特点，有针对性地决定其人力资源管理策略和模式。

· 缺点：不同的人力资源模式阻碍了全公司间的人员流动，不利于合理的人员配置，造成类似业务单元间的不公平，总部对分（子）公司控制力度弱。

松散管理型的人力资源管理模式实际上是放养，基本上属于放任自流。一方面可以发挥各下属单位的主观能动性，但是很容易出现经理人控制的现象。这和财务管理型的集团管控模式只追求财务指标，不追求企业掌控权的特点相对应。

（二）政策指导型

·特点：总部对分（子）公司进行人力资源管理政策的指导，分（子）公司在总部统一的人力资源政策下进行各自的管理操作。

·优点：总部通过人力资源管理政策的指导更好地贯彻实施总部人才管理策略，便于人才流动，总部与分（子）公司在人力资源管理方面分工明确，效率提高，总部对分（子）公司的控制力度加强。

·缺点：统一的人力资源管理政策可能忽略分（子）公司独特的业务和行业特点，对总部人力资源管理的能力提出较高要求。

政策指导型的人力资源管理模式，属于大的方向上根据公司业务战略和人力资源策略的需要做整体管控，但又不是非常深入，大的方向上不出问题即可。但是对于人力资源经理人的要求极高。这同战略管理型的集团管控模式追求大的战略协同、小的经营运作放手的原则相对应。

（三）操作指导型

·特点：总部不仅对分（子）公司进行人力资源管理政策的指导并在具体操作层面上给予指导，分（子）公司在人力资源管理政策和具体操作上均比较统一。

·优点：各分（子）公司间能够保持人力资源管理政策的一致性，便于人才的流动，提高总部对分（子）公司的管控力度。

·缺点：统一的人力资源政策可能忽略分（子）公司独特的业务和行业特点，总部在人力资源操作方面的管控深度需明确界定。

　　操作指导型的人力资源管理模式实际上是"胡子眉毛一起抓"，什么都不放过，总部基本上是，"我的地盘我做主，你的地盘我也做主"。总部管理的量非常大，管理界面如果不清晰，很容易出现母子公司发生矛盾的现象。这也对应了操作管理型的集团管控模式的特点。

　　企业管控的模式不同，影响到企业人员配置的数量和质量。只有搞明白了企业管控模式，再配以合适的人力资源管控模式，企业的人力资源管理工作才会顺畅，才会给企业的经营带来助力，而不是干扰。

职场感悟：为什么那么多公司想学习华为的企业文化，最终都失败了

企业的标杆学习在西方社会是一个很成熟的体系。国内企业早年学习的大多是欧美德日企业，后来随着国内的企业发展，逐步开始学习国内的本土化的企业实践，比如早前学习海尔的"休克鱼"，联想的管理模式，小米"风口的猪"，阿里巴巴的管理模式，华为的创新管理模式，等等。

标杆学习企业文化，在国内鲜有成功的经验。**企业文化的核心是价值观，华为的价值观是：以客户为中心，以奋斗者为本，长期坚持艰苦奋斗。**

华为的老板任正非强调**时时刻刻以客户为中心**，满足客户的需要，因为他认为公司的一切都是客户给予的，如果客户不买华为的产品，那么华为就只能关门大吉了。所以他要求销售人员要围着客户转，不允许员工围着领导转。同时也强调让一线的队伍承担服务客户的重责，让听得见炮火的人呼叫炮火，严禁高级干部做英雄，因为如果高管冲在一线拿单，必然会对一线队伍产生干扰和冲击，也会带来不公平感。所以高管做好服务一线的工作就好。当然，华为提拔干部也会在一线队伍的优先团队中提拔。

另外，华为的老板任正非只有公司 1.44% 的股份，因为公司是**以奋斗者为本**的，公司 30% 的奋斗者是对华为公司控股的。而奋斗者是要签订奋斗者协议的，如果你不准备随时加班、服从组织分配，能上能下，是不符合奋斗者的要求的。公司 40% 的贡献者会合理配股，其他的人员视情况给予一定的股权激励。所以华为整个公司是由一群深度认同华为文化的奋斗者控股的。

长期坚持艰苦奋斗。华为的高管实际上没什么特权，任正非也经常被发现深夜在机场排队等出租车，因为华为的高管没有专车。去职工餐厅吃饭也需要认真排队，而不能插队。华为的高管团队是有严格的反腐规定的。

企业反腐败的宣言范本

华为执行管理团队（EMT）自律宣言。

华为承载着历史赋予的伟大使命和全体员工的共同理想。18 年来我们

共同奉献了最宝贵的青春年华，付出了常人难以承受的长年艰辛，才开创了公司今天的局面。要保持公司持久的蓬勃生机，还要长期艰苦奋斗下去。

我们热爱华为正如热爱自己的生命。为了华为的可持续发展，为了公司的长治久安，我们要警示历史上种种内朽自毁的悲剧，绝不重蹈覆辙。

在此，我们郑重宣誓承诺。

1. 正人先正己，以身作则，严于律己，做全体员工的模范。

高级干部的合法收入只能来自华为公司的分红和薪酬，除此之外不能以下述方式获得其他任何收入：绝对不利用公司赋予我们的职权去影响和干扰公司各项业务，从中谋取私利，包括但不限于各种采购、销售、合作、外包等，不以任何形式损害公司利益。

不在外开设公司、参股、兼职，亲属开设和参股的公司不与华为进行任何形式的关联交易。高级干部可以帮助自己愿意帮助的人，但只能用自己口袋中的钱，不能用手中的权，公私要分明。

2. 高级干部要正直无私，用人要五湖四海，不拉帮结派，不在自己管辖范围内形成不良作风。

3. 高级干部要有自我约束能力，通过自查、自纠、自判，每日三省吾身，以此建立干部队伍的自洁机制。

我们是公司的领导核心，是牵引公司前进的发动机。我们要众志成城，万众一心，把所有的力量都聚集在公司的业务发展上。我们必须廉洁正气、奋发图强、励精图治，带领公司冲过未来征程上的暗礁险滩。我们绝不允许"上梁不正下梁歪"，绝不允许"堡垒从内部攻破"。我们将坚决履行以上承诺，并接受公司审计和全体员工的监督。

企业困局

企业若想学习华为的企业文化，需要认真考虑能否做到真实的以客户为本，整天围绕着客户转，为客户创造价值，满足客户的真实需求。而不仅仅只是为了赚客户的钱。

另外，大多数民营企业的老板都会说以奋斗者为本，但是哪一位不是严格控股自己的企业呢？有哪一位老板能够让自己的核心团队来完全控股自己的公司呢？

还有，很多企业发展到了一定的级别，哪个老板不是豪车数辆，豪宅数栋？还有谁会去食堂排队打饭呢？

学习华为的企业文化，需要企业大动干戈，伤筋动骨，不是口头上说说就好的，而这样的企业在国内有几家可以做到呢？所以，虽然学华为的企业有很多，但是鲜有成功的。

标杆学习

标杆学习是一家公司将自己的业绩与一流公司相对比，来确定这些公司能达到他们的业绩表现水平，并应用这些信息，来改进自己业绩表现的流程。

标杆学习作为 20 世纪 90 年代风靡世界的战略管理工具之一，如今仍然广受推崇。许多企业把标杆学习看作学习和改进其战略管理实践的一种方式。标杆学习是指企业将自己的产品、生产、服务等，与同行业内和行业外的典范企业、领袖企业（标杆企业）做比较，找出差距，借鉴他人的先进经验以弥补自身不足，从而提高竞争力。标杆学习是追赶或超越标杆企业的一种良性循环的管理方法，其实质是模仿、学习和创新的持续改进过程。

标杆学习起源于 20 世纪 70 年代末 80 年代初，时值美国学习日本的浪潮。首先开展标杆学习的是美国施乐公司，该公司从生产成本、周期时间、营销成本、零售价格等领域中，找出一些明确的衡量项目和标准，然后将施乐公司在这些项目上的表现，与日本的主要竞争对手进行比较，找出差距，弄清这些优秀企业的成功之道，全面调整经营战略战术，由此不仅改进了业务流程，而且很快取得了明显成效。80 年代，施乐公司将自己的质量管理体系定位成一张三角板凳，其中之一就是标杆学习。其后，标杆学习在西方企业之中掀起了一阵学习的风潮，成为提高企业水平、实现企业战略管理效果的有效工具。

后记

很高兴全书已经完稿，这是笔者于 2017 年计划写作的四本书当中的最后一本，前年 6 月份录制完毕到整理成文字形成第一稿，之后由于工作日程安排比较紧密搁置了下来。去年春节后，疫情让几乎所有的计划都停摆，笔者顺势把下半年写书的计划提前，在去年 2 月上旬用了 10 天的时间完成了第二稿的写作，中旬休整了几天，笔者的助理在过程中帮忙审核了一稿，笔者再乘胜追击，在 2 月下旬完成第三稿的写作，并达到了校稿的条件。本来计划 3~6 个月的创作时间，笔者仅用 29 天没白没黑地工作就顺利完成了，回头看一下，感觉心无旁骛地工作真是高效啊！

书稿虽然结束，但最后还是要在这里强调几点。

一、业务领导者的第一责任是人力资源管理

人力资源管理大师拉姆·查兰在他的著作《人才管理大师》中说过：一位经理人如果没有做过人力资源工作或者没有主管过人力资源工作，就不符合做企业的一把手或者对利润负责的岗位工作的要求。因为一把手的第一角色必须是人力资源经理！

这个观点跟笔者本书的观点如出一辙，企业经营虽然包含经营客户和经营员工，但是走得远的企业都是那些善于经营员工的企业。如果企业的老板（总经理）没有这个意识，在企业的经营中就会出现一切为了业务，而忽视员工个人战略的情况。如果一把手有这样的观念，上行下效，等企业发展到一定的规模和高度的时候，就会出现后继乏力的情况。笔者曾经跟甘肃移动分公司的人力资源部总经理聊过这个话题，他在管理人力资源部之前，曾经在一家公司做过很长时间的一把手。当笔者说人才发展是一把手工程的时候，他深表认同，

并且说他在任职地区总经理的时候就是把人才培养放在了跟业务同等重要的程度。

二、业务领导者应该掌握"六个人"

本书讲到的业务领导者人才管理就是"六个人"：选择人、要求人、辅导人、激励人、评估人和保留人。这"六个人"的工作实际是六个技术：人员招聘与选拔配置、目标设定与分解到工作的委派、下属在岗工作教练和辅导、下属工作干劲的激发和维持、下属绩效的评估和改进、基于下属个人战略的发展和保留。

如果从盖洛普的Q12测评法的角度来解析，这些实际上就是日常工作。而真正的高手是那些把高深的技术糅到日常管理中的业务领导者。清风化雨、润物细无声，在点点滴滴中将员工的培养发展和本单位的目标达成无缝结合。

要做到这种程度需要业务领导者时时刻刻的修炼和投入，只有经过风雨洗礼，才能把这些貌似高大上又土得掉渣的技术，融入日常行为中。

三、企业一把手务必要重视搭班子带团队

本书的逻辑一直就是围绕着业务领导者阐述，业务领导者实际上是企业的中高层团队成员，这些人的行为受公司一把手的影响。所以一把手一定要有人才经营的意识、动作、精力和资源投入，如此才能在企业内部建立人才经营的氛围。

这就要求一把手首先在搭建班子的时候，灌输人才经营的意识和理念，建立可参照的行为规范，让班子成员能够在管理业务的时候，同时关注中层经理的成长，并投入足够多的资源支持。这样才能在公司内部形成示范效应，让各级带团队的主管在思想上重视人才的发展，这样人才发展就转化为日常的规范动作了。

四、职业规划是一个技术活

职业生涯规划工作是一个流程，源头是企业战略规划，里面有大大小小的工具，就像教练是技术活一样，职业规划也是个技术活。所以企业的业务

领导者需要学习职业规划的技术，不能想当然认为职业规划是纯天然应该掌控的技术。

企业人力资源部门要基于公司的发展战略，明确企业所需的职种、职类，打通职业路径，并且要形成制度规范。将职业规划的技术和本企业的职业路径形成培训课程，然后给业务领导者培训，让大家都掌握。若业务领导者不支持公司做职业规划工作，除了公司没有打通职业路径之外，最主要的原因是他们真的不知道怎么去给员工做职业规划。

五、说起来容易做起来难

从全书的内容来看，匹配"六个人"的技术没有什么特别难做的事情，难就难在执行。知易行难啊，由于国内大多数的经理人都是自然成长起来的，经历的专业化的管理技能培训不多。这些经理都很聪明，虽然大家各有各的工作方法和技术，但是由于套路不同，在工作过程中难免就会出现矛盾和冲突。如果公司小没什么问题，如果公司规模较大，无疑增加了沟通成本，会出现"深井"和沟通壁垒。虽然每个人的能力都很强，但是团队或者企业整体上没有竞争力。

笔者基于个人的工作经历和管理咨询的实践写了《老 HRD 给业务领导者的 8 堂人才管理课》这本书，尝试把业务领导者管人的工作用通俗易懂的语言呈现给大家，希望能够对您的工作有所帮助。

邓玉金